LOS **5** *LENGUAJES*
*DEL*
*amor*
DE LOS NIÑOS

# LOS 5 LENGUAJES DEL amor

## DE LOS NIÑOS

*El secreto para amar a los niños de manera eficaz*

# Gary Chapman
# Ross Campbell

Unilit

Publicado por
**Unilit**
Medley, FL 33166

© 2018 Editorial Unilit (Spanish translation)
Primera edición actualizada 2018

© 1997, 2005, 2012 por *Gary D. Chapman* y derechos patrimoniales de *Ross Campbell*
Originalmente publicado en inglés con el título:
*The 5 Love Languages of Children*
Publicado por *Northfield Publishing, 820 N. LaSalle Blvd., Chicago, IL
60610.*
*(This book was first published in the United States by Northfield Publishing with the title*
The 5 Love Languages of Children, *copyright © 1997, 2005, 2012 2010, 2016 by Gary
Chapman and The Estate of Ross Campbell. Translated by permission. All rights reserved)*

Traducción: *Nancy Pineda*
Edición de la versión actualizada: *Nancy Pineda*
Diseño de la cubierta: *Faceout Studio*
Diseño interior: *Smartt Guys design*
Fotografía de la portada: *Boone Rodriguez (boonerodriguez.com)*

A menos que se indique lo contrario, las citas bíblicas se tomaron de la Nueva Versión
Internacional. © 1999 por la Sociedad Bíblica Internacional. Usada con permiso.
Reservados todos los derechos.

Producto: 495900
ISBN: 0-7899-2416-1 / 978-0-7899-2416-2

Categoría: Vida cristiana / Relaciones / Crianza de los hijos
*Category: Christian Living / Relationships / Parenting*

Impreso en Colombia
*Printed in Colombia*

Colección de

# Los 5 LENGUAJES *del amor*

*Los cinco lenguajes del amor*

*Los cinco lenguajes del amor: Edición para hombres*

*Los 5 lenguajes del amor: Edición especial en tapa dura*

*Los cinco lenguajes del amor de los niños*

*Los cinco lenguajes del amor de los jóvenes*

*Los cinco lenguajes del amor para solteros*

Para más libros de Gary Chapman, visita
**5lovelanguages.com**

# Contenido

Introducción: Habla el lenguaje del amor de tu niño          9

  1.  El amor es el cimiento          15

  2.  Primer lenguaje del amor: Toque físico          29

  3.  Segundo lenguaje del amor: Palabras de afirmación          45

  4.  Tercer lenguaje del amor: Tiempo de calidad          61

  5.  Cuarto lenguaje del amor: Regalos          77

  6.  Quinto lenguaje del amor: Actos de servicio          91

  7.  Descubre el lenguaje primario del amor de tu niño          109

  8.  La disciplina y los lenguajes del amor          125

  9.  El aprendizaje y los lenguajes del amor          145

10.  Enojo y amor          159

11.  Cómo hablar los lenguajes del amor en familias
     monoparentales          177

12.  Cómo hablar los lenguajes del amor en el matrimonio          191

     Epílogo: Lo que puede que te quede por delante          207

     Notas          213

     Más ayuda para padres          215

     El juego de misterio de los lenguajes del amor          217

# Habla el lenguaje del amor de tu niño

¿Tu niño se siente amado?

«Por supuesto», dices. «Se lo digo todos los días». Sin embargo, ¿le comunicas ese amor de una manera que lo entiende?

Cada niño tiene un lenguaje primario del amor, una forma en que entiende mejor el amor de sus padres. Este libro te mostrará cómo reconocer y hablar el lenguaje primario del amor de tu niño, así como los otros cuatro lenguajes del amor que pueden ayudarlo a saber que lo amas. Como veremos, tu niño necesita *saber* que es amado para convertirse en un adulto generoso, amoroso y responsable.

*Los 5 lenguajes del amor de los niños* te presenta todos los lenguajes del amor de los niños y te ayudará a determinar los lenguajes primarios en los que tu niño escuchará tu amor. Sé cuidadoso al leer los cinco capítulos (2-6) que describen los lenguajes del amor, ya que tu niño se beneficiará de las cinco formas de recibir amor. Practica los cinco lenguajes del amor y puedes estar seguro de que tu niño sentirá tu amor. Para que logres hacer esto, cada capítulo termina con ideas prácticas para ayudarte a hablar ese lenguaje del amor con tus niños.

Entonces, ¿cómo puedes saber cuál es el lenguaje del amor de tu niño? Consulta el capítulo 7 para obtener ideas. Todos los aspectos del desarrollo de un niño requieren un cimiento de amor. Como un libro sobre aprender a amar mejor a tu niño, *Los 5 lenguajes del amor de los niños* incluye sugerencias para una buena crianza. A medida que trabajes en los aspectos que son más importantes, descubrirás que tus relaciones familiares serán más fuertes, y también más relajadas y placenteras.

Y ahora, unas palabras personales de Gary al comenzar este «curso de lenguajes», a fin de mejorar la forma en que les hablas a tus niños.

# Unas palabras de Gary

El éxito de *Los 5 lenguajes del amor: El secreto del amor que perdura* ha sido gratificante. Millones de parejas no solo han leído el libro, sino que han practicado sus principios. Mis archivos están llenos de cartas de parejas de todo el mundo, expresando gratitud por la diferencia que han marcado los lenguajes en sus matrimonios. La mayoría me dice que aprender el lenguaje primario del amor de su cónyuge ha cambiado de manera radical el clima emocional de su hogar, y algunos le atribuyen al libro el hecho de que salvara su matrimonio.

Este libro surgió de las muchas solicitudes que recibí para «escribir un libro sobre los cinco lenguajes del amor de los niños». Debido a que mi carrera profesional se enfocó en la consejería y el enriquecimiento matrimonial, al principio no quería escribir sobre los niños, aunque recibía cientos de informes de padres que aplicaron el concepto de los lenguajes del amor en sus hijos.

Cuando *Northfield Publishing* habló conmigo sobre hacer un libro así, me puse en contacto con mi amigo de muchos años, Ross Campbell, y le pedí que fuera el coautor del libro conmigo.

El Dr. Campbell pasó muchos años en la medicina psiquiátrica, con un enfoque en las necesidades de los niños y adolescentes. Sus contribuciones demostraron ser invaluables.

Al igual que el libro original sobre los lenguajes del amor ha ayudado a tantas personas en sus matrimonios, ahora espero que este libro ayude a innumerables padres, maestros y otras personas que aman y trabajan con los niños a ser más eficientes para satisfacer la necesidad emocional que tienen los niños por amor.

DR. GARY CHAPMAN
Winston-Salem, Carolina del Norte

# 1

# El amor es el cimiento

Brad y Emily no podían entender qué le pasaba a Caleb, su hijo de ocho años. Había sido un alumno por encima del promedio y aún hacía sus deberes escolares, pero este año estaba teniendo problemas en la escuela. Acudía a la maestra después de hacer un ejercicio y le pedía que se lo explicara de nuevo. Visitaba su escritorio hasta ocho veces al día, pidiendo más instrucciones. ¿Era un problema de audición o de comprensión? Brad y Emily le hicieron una prueba de audición a Caleb, y un consejero escolar le hizo una prueba de comprensión. Su audición era normal y su comprensión típica para un niño de tercer grado.

Otras cosas sobre su hijo los desconcertaban. A veces, el comportamiento de Caleb parecía casi antisocial. La maestra se turnaba para comer con sus alumnos de tercer grado durante el almuerzo, pero a veces Caleb apartaba a otros niños para poder estar cerca de ella. Durante el recreo, dejaba a otros niños cada vez que la maestra aparecía en el patio de juegos, corriendo hacia ella para hacerle una pregunta insignificante y escapar de los demás.

Si la maestra participaba en un juego durante el recreo, Caleb trataría de sostenerle la mano durante el juego.

Sus padres ya se habían reunido con la maestra tres veces, y ni ellos ni la maestra podían encontrar el problema. Independiente y feliz en el primer y segundo grados, Caleb ahora parecía mostrar un «comportamiento poco independiente» que no tenía sentido. También estaba peleando mucho más con su hermana mayor, Hannah, aunque Emily y Brad daban por sentado que solo se trataba de una etapa por la que estaba pasando.

Cuando esta pareja vino a mi seminario «El matrimonio que siempre has deseado» y me habló de Caleb, estaban preocupados, preguntándose si tendrían un rebelde en ciernes, o tal vez un niño con problemas psicológicos.

—Dr. Chapman, sabemos que este es un seminario para matrimonios y quizá nuestra pregunta esté fuera de lugar —dijo Emily—, pero Brad y yo pensamos que tal vez podría darnos alguna orientación.

Luego, me describió el comportamiento preocupante de su hijo.

Les pregunté a estos padres si su propio estilo de vida había cambiado en este año. Brad dijo que era vendedor, que tenía que salir dos noches a la semana, pero que los demás días ya estaba en casa entre las seis y las siete y media de la noche. Este tiempo lo usaba para ponerse al día con los correos electrónicos y mensajes de texto, y viendo un poco de televisión. Los fines de semana solía ir a partidos de fútbol, a menudo con Caleb. Sin embargo, no lo había hecho en un año.

—Es demasiada molestia. Prefiero ver los juegos en la televisión.

—¿Y usted, Emily? —le pregunté—. ¿Ha habido algún cambio en su estilo de vida en los últimos meses?

—Sin duda alguna —respondió—. Estuve trabajando a tiempo parcial en la universidad durante los últimos tres años desde que Caleb comenzó en el jardín de infancia. Entonces, este año acepté allí un trabajo a tiempo completo, así que llego a casa más tarde de lo habitual. En realidad, mi madre lo recoge en la escuela, y Caleb se queda con ella durante más o menos una hora y media hasta que lo recojo yo. En las noches que Brad está fuera de la ciudad, Caleb y yo solemos cenar con mis padres y después volvemos a casa.

Era casi la hora de que comenzara la sesión del seminario, pero sentí que empezaba a comprender lo que sucedía dentro de Caleb. De modo que les hice una sugerencia.

—Voy a hablar sobre el matrimonio, pero quiero que cada uno de ustedes piense en cómo los principios que enseño pueden aplicarse a su relación con Caleb. Al final del seminario, me gustaría saber a qué conclusiones llegaron.

Parecían un poco sorprendidos de que terminara nuestra conversación sin hacer ninguna sugerencia, pero ambos estaban dispuestos a aceptar mi petición.

Al final del día, mientras salían otros participantes en nuestro seminario, Brad y Emily se apresuraron hacia mí con esa mirada de un nuevo descubrimiento.

—Dr. Chapman, creo que acabamos de tener una idea de lo que está pasando con Caleb —dijo Emily—. Cuando hablaba de los cinco lenguajes del amor, ambos estuvimos de acuerdo en que el lenguaje primario del amor de Caleb es el tiempo de calidad. Al volver la vista atrás, hacia los últimos cuatro o cinco meses, nos dimos cuenta de que le hemos dado menos tiempo de calidad que antes.

»Cuando trabajaba a tiempo parcial, lo recogía de la escuela todos los días, y casi siempre hacíamos algo en el camino a casa, tal vez hacer un mandado, pasar por el parque o tomar juntos un helado. Cuando llegábamos a casa, Caleb jugaba con su tableta por un tiempo. Luego, después de la cena, a menudo lo ayudaba con sus deberes escolares o veíamos algo de *Netflix*, en especial las noches que Brad estaba fuera. Todo eso ha cambiado desde que comencé mi nuevo trabajo, y me doy cuenta de que estoy pasando menos tiempo con Caleb.

Miré a Brad y me dijo:

—Por mi parte, me doy cuenta de que solía llevarme a Caleb a los partidos de fútbol americano, pero desde que dejé de ir, no he sustituido ese tiempo de padre e hijo con algo. En los últimos meses, él y yo no hemos pasado mucho tiempo juntos. También necesito pensar en maneras en las que puedo "estar presente" con él cuando viajo.

—Pienso que han descubierto una perspectiva real de la necesidad emocional de Caleb —les dije—. Si pueden satisfacer su necesidad de amor, creo que hay muchas posibilidades de que vean un cambio en su comportamiento.

Luego, les sugerí algunas formas clave para expresar amor a través del tiempo de calidad, y desafié a Brad para que estableciera un tiempo con Caleb en su agenda, aunque fuera a «larga distancia». Animé a Emily a que buscara formas en que Caleb y ella pudieran una vez más hacer algunas de las cosas que hacían antes de comenzar su trabajo a tiempo completo. Ambos parecían deseosos de llevar las ideas a la práctica.

—Tal vez haya otros factores involucrados —les dije—, pero si le dan a su hijo grandes dosis de tiempo de calidad, y luego lo salpican con los otros cuatro lenguajes del amor, creo que verán un cambio radical en su comportamiento.

Nos despedimos. Nunca más supe de Emily y Brad, y para ser sincero, me olvidé de ellos. Sin embargo, unos dos años más tarde regresé a Wisconsin para otro seminario, y vinieron a verme y me recordaron nuestra conversación. Estaban sonrientes; nos abrazamos y me presentaron a los amigos que invitaron al seminario.

«Cuéntenme sobre Caleb», dije.

Ambos sonrieron y dijeron: «Está muy bien. Queríamos escribirle, pero nunca nos decidimos a hacerlo. Fuimos a casa e hicimos lo que sugirió. De manera consciente le dimos a Caleb mucho tiempo de calidad en los siguientes meses. Al cabo de dos o tres semanas, vimos de veras un cambio extraordinario en su comportamiento en la escuela. Es más, la maestra nos pidió que fuéramos a verla de nuevo, y nos preocupamos. En cambio, esta vez nos quería preguntar qué habíamos hecho que había provocado un cambio en Caleb».

La maestra les dijo que el comportamiento inapropiado de Caleb desapareció: dejó de empujar a otros niños lejos de ella en el comedor; dejó de acercarse a su escritorio para hacerle una pregunta tras otra. Entonces, Emily le explicó que su esposo y ella comenzaron a hablar el «lenguaje del amor» de Caleb después de asistir a un seminario. «Le dijimos cómo habíamos empezado a darle una sobredosis de tiempo de calidad», comentó Emily.

Esta pareja había aprendido a hablar el lenguaje del amor de su hijo, diciendo «Te amo» de una manera que podía entender Caleb. Su historia me animó a escribir este libro.

Hablar el lenguaje primario del amor de tu niño no significa que este no se rebelará más tarde. Significa que tu niño sabrá que lo amas, y eso puede traerle seguridad y esperanza; puede ayudarte a criar a tu niño para la adultez responsable. El amor es el cimiento.

En la crianza de los hijos, todo depende de la relación de amor entre los padres y el hijo. Nada funciona bien si las necesidades de amor de un niño no se satisfacen. Solo el niño que se *siente* amado y cuidado de manera genuina puede dar lo mejor de sí. Quizá ames de veras a tu niño, pero a menos que lo sienta, a menos que le hables en el lenguaje de amor que le comunica tu amor, no se sentirá amado.

## LLENA EL TANQUE EMOCIONAL

Al hablar el propio lenguaje del amor de tu niño, puedes llenarle su «tanque emocional» con amor. Cuando tu niño se siente amado, es mucho más fácil disciplinarlo y educarlo que cuando su «tanque emocional» está casi vacío.

Cada niño tiene un tanque emocional, un lugar de fortaleza emocional que puede impulsarlo durante los desafiantes días de la infancia y la adolescencia. Así como los autos funcionan con reservas en el tanque de gasolina, nuestros hijos reciben combustible de sus tanques emocionales. Debemos llenar los tanques emocionales de nuestros niños para que funcionen como deberían y alcancen su potencial.

Entonces, ¿con qué llenamos estos tanques? Con amor, por supuesto, pero amor de un tipo particular que les permitirá a nuestros niños crecer y funcionar como es debido.

Necesitamos llenar los tanques emocionales de nuestros niños con amor incondicional, porque el verdadero amor es siempre incondicional. El amor incondicional es un amor total que acepta y afirma a un niño por lo que es, no por lo que hace. Sin importar lo que haga (o no haga), el padre lo sigue amando. Lo lamentable es que algunos padres muestran un amor que es condicional; depende de algo que no sean solo sus hijos. El amor condicional se basa en el rendimiento y a menudo se asocia con técnicas de capacitación que les ofrecen regalos, recompensas y privilegios a los niños que se comportan o desempeñan de la forma deseada.

Por supuesto, es necesario instruir y disciplinar a nuestros hijos, pero solo después que sus tanques emocionales se llenen (y rellenen, ya que pueden agotarse con regularidad). Solo el amor incondicional puede prevenir problemas como el resentimiento, los sentimientos de no ser amado, la culpa, el miedo y la inseguridad. Solo cuando les demos amor incondicional a nuestros niños, seremos capaces de entenderlos en profundidad y afrontar sus comportamientos, ya sean buenos o malos.

Ana recuerda que creció en una casa de modestos recursos financieros. Su padre trabajaba en una fábrica cercana y su madre era ama de casa, a excepción de que en ocasiones trabajaba en la tienda *Target*. Ambos padres eran personas trabajadoras que se enorgullecían de su casa y familia. Ana ayudaba a su madre a preparar la cena, y más tarde ella, su padre y sus hermanos contribuían en la limpieza para después ver un poco de televisión. El sábado era un día para las tareas semanales y el juego de fútbol juvenil ocasional, y los sábados por la noche encargaban pizza. Los domingos por la mañana, la familia iba a la iglesia y esa noche pasaban tiempo con sus parientes.

Cuando Ana y sus hermanos eran pequeños, sus padres los escuchaban practicar sus lecturas casi todas las noches. Siempre los alentaron en sus estudios porque querían que los tres niños asistieran a la universidad, a pesar de que ellos mismos no tuvieron esa oportunidad.

En la escuela secundaria, Ana pasaba mucho tiempo con Sofía. Las dos tenían la mayoría de las clases juntas, a menudo compartían el almuerzo y se enviaban mensajes de texto. Sin embargo, las chicas no se visitaban en casa. Si lo hubieran hecho, habrían visto grandes diferencias. El padre de Sofía era un ejecutivo exitoso que estaba fuera de casa la mayor parte del tiempo. La madre de Sofía era una doctora con una práctica que la mantenía muy ocupada. Una hermana mayor estaba en la universidad y vivía fuera del estado. La familia tomaba vacaciones en lugares como Londres y Los Ángeles, que le encantaban a Sofía. Su madre hacía todo lo posible por dedicarle tiempo a su hija menor, y comprendía los peligros de darle demasiadas cosas en lugar de simple atención...

Las chicas fueron buenas amigas hasta el noveno grado, cuando Sofía se marchó para cursar el bachillerato cerca de sus abuelos. El primer año, las chicas se mantuvieron en contacto mediante las redes sociales; después de eso, Sofía comenzó su noviazgo y se comunicó menos. Ana se ocupó de sus estudios y otras amistades. Después que la familia de Sofía se mudó, Ana nunca volvió a saber de ella.

Si lo hubiera hecho, le habría dado tristeza enterarse que después de casarse y tener un hijo, Sofía luchó contra el alcoholismo y la ruptura de su matrimonio. Ana, por el contrario, estaba en la escuela de posgrado estudiando biología avanzada.

¿Qué marcó la diferencia en el resultado de las dos amigas de la infancia? Aunque no hay una sola respuesta, podemos ver parte de la razón en lo que Sofía le dijo una vez a su terapeuta: «Nunca me sentí amada por mis padres. Al principio, me involucré en la bebida porque quería que mis amigos me quisieran». Al decir esto, no trataba de culpar a sus padres tanto como intentaba entenderse a sí misma.

¿Notaste lo que dijo Sofía? No se trataba de que sus padres no la amaran, sino que ella no se sentía amada. La mayoría de los padres aman a sus hijos y también quieren que sus hijos se sientan amados, pero pocos saben transmitirles ese sentimiento como es debido. Solo cuando aprenden a amar de manera incondicional, harán que sus hijos sepan cuánto los aman de veras.

## UNA PALABRA DE ESPERANZA

Criar niños emocionalmente sanos es una tarea cada vez más difícil en estos días. La influencia de los medios (incluidas nuestras pantallas omnipresentes), el aumento de problemas psicológicos como el narcisismo, la violencia y la desesperanza que afectan a algunas comunidades, el declive de la influencia de la iglesia, incluso la simple actividad de la clase media, desafían a las familias a diario.

En esa realidad es que les damos una palabra de esperanza a los padres. Queremos que disfruten una relación amorosa con sus hijos. Nuestro enfoque en este libro se centra en un aspecto de suma importancia en la crianza de los hijos: satisfacer la necesidad de amor de tus hijos. Escribimos este libro para ayudarte a brindarles a tus hijos una mayor experiencia del amor que sientes por ellos. Esto sucederá cuando hables los lenguajes del amor que entienden y a los que pueden responder.

Cada niño tiene una forma especial de percibir el amor. Hay cinco maneras en que los niños (en realidad, todas las personas) hablan y entienden el amor emocional. Son *toque físico, palabras de afirmación, tiempo de calidad, regalos* y *actos de servicio*. Si tienes varios niños en tu familia, es probable que hablen en diferentes lenguajes, ya que al igual que los niños a menudo tienen diferentes personalidades, es posible que escuchen en diferentes lenguajes del amor. Por lo general, dos niños necesitan que se les ame de distintas maneras.

**Cualquiera que sea el lenguaje del amor que tu hijo comprenda mejor, lo necesita expresado de una manera: incondicional.**

Cualquiera que sea el lenguaje del amor que tu hijo comprenda mejor, lo necesita expresado de una manera: incondicional. El amor incondicional es una luz que guía, ilumina la oscuridad y nos permite, como padres, saber dónde estamos y qué debemos hacer cuando criamos a nuestro hijo. Sin este tipo de amor, ser padres es desconcertante y confuso.

Podemos definir mejor el amor incondicional al mostrar lo que hace. El amor incondicional le muestra amor a un niño *sea como sea*. Amamos sin importar la apariencia del niño; sin importar sus cualidades, responsabilidades o desventajas; sin importar lo que esperamos que sea; y, lo más difícil de todo, sin importar cómo actúe. Esto no significa que nos guste todo su comportamiento. Significa que siempre le damos y mostramos amor a nuestro hijo, incluso cuando su comportamiento sea deficiente.

¿Esto se parece a la permisividad? No lo es. Por el contrario, es hacer primero lo primero. Un niño con un tanque de amor lleno puede responder a la orientación de los padres sin resentimiento.

Algunas personas temen que esto pueda «echar a perder» a un niño, pero eso es una idea errónea. Ningún niño puede recibir demasiado amor incondicional apropiado. A un niño se le puede «consentir» debido a una falta de instrucción o un amor inadecuado que da o prepara de manera indebida. El verdadero amor incondicional nunca malcriará a un niño porque a los padres les resulta imposible darle demasiado amor.

Si no has amado a tus hijos de esta manera, quizá te sea difícil al principio. Sin embargo, a medida que practicas el amor incondicional, descubrirás que tiene un efecto maravilloso, al convertirte en una persona más generosa y amorosa en todas tus relaciones. Nadie es perfecto, por supuesto, y no puedes esperar amarlo siempre de manera incondicional. Aun así, mientras avanzas hacia ese objetivo, encontrarás que eres más coherente en tu capacidad de amar, sea como sea.

Puede serte útil recordar con frecuencia algunas cosas bastante obvias sobre tus niños:

1 Son niños.

2 Tienden a actuar como niños.

3 El comportamiento infantil tiene mucho de desagradable.

4 Si hago mi parte como padre y los amo, a pesar de su comportamiento infantil, madurarán y abandonarán sus costumbres infantiles.

5 Si los amo solo cuando me agradan (amor condicional), y si les expreso mi amor nada más que en esos momentos, no se sentirán amados de verdad. Esto dañará su autoestima, los hará sentir inseguros y, en realidad, evitará que se muevan hacia un mejor dominio propio y un comportamiento más maduro. Por lo tanto, su desarrollo y comportamiento es tanto responsabilidad mía como suya.

6 Si los amo solo cuando cumplen mis requisitos o expectativas, se sentirán incompetentes y creerán que no tiene sentido dar lo mejor de sí, ya que nunca es suficiente. Siempre estarán plagados de inseguridad, ansiedad, baja autoestima y enojo. A fin de protegerme de esto, a menudo necesito recordar mi responsabilidad por su desarrollo total.

7 Si los amo de manera incondicional, se sentirán cómodos consigo mismos y podrán controlar su ansiedad y su comportamiento a medida que crecen hasta llegar a la adultez.

Por supuesto, hay comportamientos apropiados para la edad de nuestros hijos e hijas. Los adolescentes actúan de forma diferente que los niños pequeños, y un niño de trece años responderá de manera distinta a un niño de siete años. En cambio, debemos recordar que todavía son menores de edad, no son adultos maduros, por lo que podemos esperar que fallen a veces. Muestra paciencia con ellos a medida que aprenden a madurar.

## LO QUE TU NIÑO NECESITA DE TI

Este libro se enfoca sobre todo en la necesidad de amor de nuestros niños y cómo brindarlo. Eso se debe a que su mayor necesidad es emocional y afecta en gran medida nuestra relación con ellos. Otras necesidades, en especial las físicas, son más fáciles de reconocer y, por lo general, más fáciles de solucionar, pero no son tan satisfactorias ni cambian la vida. Sí, necesitamos proporcionarles a nuestros niños refugio, comida y ropa. No obstante, también tenemos la responsabilidad de fomentar el desarrollo mental y emocional, y la salud de nuestros niños.

Solíamos preocuparnos por la «autoestima». Luego, procurábamos proveerla en la crianza de los hijos, la educación, los deportes, todos los aspectos donde los adultos interactuábamos con los niños. ¡Tal vez fuéramos demasiado exitosos! El niño con un sentido embellecido del ego se verá a sí mismo como superior a los demás, como un regalo de Dios para el mundo y merecedor de todo lo que desea. Los estudios demuestran que este sentido inflado de autoestima es desenfrenado entre los jóvenes de hoy. El profesor de psicología Jean Twenge señala que las medidas de autoestima han aumentado constantemente desde la década de 1980 entre los niños de todas las edades, y «lo que comienza como una autoestima saludable puede transformarse con rapidez en una visión exagerada de uno mismo»[1].

Entonces, dañino por igual, el niño que subestima su valía luchará con pensamientos como: «No soy tan inteligente, atlético ni hermoso como los demás», «No puedo» es su tema musical, y «No lo hice» es su realidad. Digno de nuestros mejores esfuerzos como padres es el ver que nuestros hijos desarrollan una autoestima adecuada para que se vean a sí mismos como miembros importantes de la sociedad con talentos y habilidades especiales, y sientan el deseo de ser productivos.

Los niños también tienen una necesidad universal de *seguridad y protección*. En nuestro mundo de incertidumbres, en el hogar y «allá afuera», es cada vez más difícil para los padres brindar esta sensación de seguridad. Al mismo tiempo, los padres no pueden flotar como los «padres helicópteros» de los que todos hemos oído (y puede que nos preocupe en lo que nos estamos convirtiendo). Como dijimos antes, nuestra tarea como padres es criar adultos maduros capaces de funcionar y florecer en el mundo.

Un niño necesita desarrollar habilidades relacionales para que trate a todas las personas con el mismo valor, y pueda entablar amistades a través de un flujo equilibrado de dar y recibir. Sin estas habilidades, un niño corre el peligro de retraerse y seguir siendo así hasta la adultez. Un niño que carece de habilidades relacionales esenciales también puede convertirse en un matón controlador que carece de empatía y trata con crueldad a los demás. Por último, un niño debe aprender a relacionarse de manera adecuada con la autoridad. Sin esto, ninguna otra habilidad significará mucho.

Los padres deben ayudar a sus niños a cultivar sus dones y talentos especiales a fin de que sientan la satisfacción interior y la sensación de logro que provienen del uso de las capacidades innatas. Los padres conscientes deben mantener el delicado equilibrio entre empujar y alentar. (Para más información al respecto, consulta *8 Great Smarts*, por la Dra. Kathy Koch).

Tus niños detectarán lo que sientes en cuanto a su persona, debido a la manera en que te comportas con ellos. Si comenzaste a enumerar todas las formas conductuales de amar a un niño, dudo que puedas llenar más de una página. Lo cierto es que no hay muchas maneras, y eso está bien, porque quieres que sea sencillo. Lo que importa es mantener llenos los tanques de amor de tus niños. Solo recuerda que las expresiones conductuales del amor se pueden dividir en toque físico, tiempo de calidad, regalos, actos de servicio y palabras de afirmación.

A partir del capítulo 2, te ayudaremos a descubrir el lenguaje primario del amor de tu niño. Si tu niño tiene menos de cuatro años, háblale en los cinco lenguajes. El toque suave, las palabras de apoyo, el tiempo de calidad, los regalos y los actos de servicio convergen para satisfacer la necesidad de amor de tu niño. Si se satisface esa necesidad y tu niño se siente amado de veras, le resultará mucho más fácil aprender y responder en otros aspectos. Este amor interactúa con todas las demás necesidades que tiene un niño. También háblale con los cinco lenguajes cuando tu hijo sea mayor, ya que necesita que se desarrollen los cinco, aunque ansíe uno más que los otros.

Cuando descubras el lenguaje del amor de tu niño y reciba el amor que necesita, no des por sentado que todo en su vida estará libre de problemas. Todavía habrá reveses y malentendidos. No obstante, tu niño, al igual que una flor, se beneficiará de tu amor. Cuando se le da el agua del amor, tu hijo florecerá y bendecirá al mundo con belleza. Sin ese amor, se convertirá en una flor marchita, suplicando agua.

Como deseas que tus niños crezcan hasta la madurez completa, desearás mostrarles amor en todos los lenguajes y, luego, enseñarles a usarlos por su cuenta. El valor no es solo para tus niños, sino también para las personas con quienes vivirán y se asociarán. Una señal de un adulto maduro es la capacidad de dar y recibir apreciación a través de todos los lenguajes del amor: toque físico, tiempo de calidad, palabras de afirmación, regalos y actos de servicio. Pocos adultos pueden hacer esto; en su mayoría, dan o reciben amor de una o dos maneras.

Si esto no es algo que hicieras en el pasado, puedes descubrir que tú también estás cambiando y madurando en comprensión y en la calidad de tus relaciones. Con el tiempo, tendrás una familia multilingüe de veras.

TOQUE FÍSICO

# 2

PRIMER LENGUAJE DEL AMOR:

# Toque físico

Samanta es una alumna de quinto grado cuya familia se mudó hace poco a una nueva comunidad. «Este año ha sido difícil al mudarnos y tener que hacer nuevos amigos. Antes en mi vieja escuela, los conocía a todos y estos me conocían a mí». Cuando le preguntamos si alguna vez sintió que sus padres no la amaban porque la sacaron de su antigua escuela y de su pueblo, Samanta dijo: «Qué va, nunca sentí que hicieran esto a propósito. Sé que me aman, porque siempre me dan muchos abrazos y besos extras. Ojalá no hubiéramos tenido que mudarnos, pero sé que el trabajo de papá es importante».

El lenguaje del amor de Samanta es el toque físico; esos toques le dicen que mamá y papá la aman. Los abrazos y los besos son la forma más común de hablar este lenguaje del amor, pero también hay otras maneras. Un padre arroja a su hijo de un año al aire. Hace girar a su hija de siete años una y otra vez, y ella se ríe muchísimo. Una madre le lee una historia a su niña de tres años en su regazo.

**El toque físico es el lenguaje del amor más fácil de usar de manera incondicional.**

Estas actividades de contacto ocurren entre padres e hijos, pero no tan a menudo como quizá pienses. Los estudios indican que muchos padres tocan a sus hijos solo cuando es necesario: al vestirlos o desvestirlos, al subirlos al auto o al llevarlos a la cama. Parece que muchos padres desconocen cuánto deben tocar a sus hijos y con qué facilidad pueden usar este medio para mantener los tanques emocionales de sus hijos llenos de amor incondicional.

El toque físico es el lenguaje del amor más fácil de usar de manera incondicional, puesto que los padres no necesitan ninguna ocasión especial ni excusa para hacerlo. Tienen la oportunidad casi constante de transferir el amor al corazón de un niño con el toque. El lenguaje del toque no se limita a un abrazo ni un beso, sino que incluye cualquier tipo de toque físico. Incluso, cuando están ocupados, los padres a menudo pueden tocar con suavidad a un niño en la espalda, el brazo o el hombro.

Aunque algunos padres son bastante expresivos, otros casi tratan de evitar tocar a sus hijos. A menudo, este toque físico limitado ocurre porque los padres no se dan cuenta de su patrón o no saben cómo cambiarlo. Muchos estarían contentos de aprender cómo pueden mostrar el amor de esta manera más básica.

## UN PAPÁ APRENDE ACERCA DEL TOQUE

Chris estaba preocupado por su relación con Audrey, su hija de cuatro años, porque se estaba alejando de él y parecía evitar estar a su lado. Chris tenía un gran corazón, pero era muy reservado y, por lo general, guardaba sus sentimientos para sí mismo. Siempre se había sentido incómodo al expresar sus emociones a través del toque físico. Como deseaba estar cerca de Audrey, estaba dispuesto a hacer algunos cambios y comenzó a mostrarle amor con un ligero toque en el brazo, la espalda o los hombros. Poco a poco, aumentó su uso de este lenguaje del amor y, por fin, pudo abrazar y besar a su preciosa hija sin sentirse incómodo.

Este cambio no fue fácil para Chris, pero a medida que se volvía más expresivo, descubría que Audrey necesitaba cantidades extraordinarias de afecto paternal. Si no lo recibía, se enojaba y molestaba. Chris llegó a entender cómo la falta de afecto de su parte podía distorsionar las relaciones de Audrey con todos los hombres más adelante.

Chris descubrió el poder de este lenguaje del amor en particular. En los últimos años, muchos estudios de investigación han llegado a la misma conclusión: los bebés que se abrazan, acarician y besan desarrollan una vida emocional más saludable que los que permanecen sin el toque físico durante largos períodos, como bebés en orfanatos en el extranjero.

El toque físico es una de las voces más fuertes del amor. Grita: «¡Te amo!». La importancia de tocar a los niños no es una idea moderna. En el siglo I d. C., los hebreos que vivían en Palestina llevaron sus hijos a Jesús «para que los tocara»[1]. El escritor Marcos informó que los discípulos de Jesús reprendieron a los padres, pensando que su Maestro estaba demasiado ocupado con asuntos «importantes» para pasar tiempo con los niños. Sin embargo, Jesús se indignó con sus discípulos. «"Dejen que los niños vengan a mí, y no se lo impidan, porque el reino de Dios es de quienes son como ellos. Les aseguro que el que no reciba el reino de Dios como un niño de ninguna manera entrará en él". Y después de abrazarlos, los bendecía poniendo las manos sobre ellos»[2].

En el capítulo 7, aprenderás a detectar el lenguaje primario de tu hijo. Quizá no sea el toque físico, pero eso no importa. Todos los niños necesitan que se les toque, y los padres sabios en muchas culturas reconocen la importancia de tocar a sus hijos. También reconocen la necesidad de que sus hijos reciban el toque tierno de otros adultos importantes, como los abuelos.

## EL TOQUE A TRAVÉS DE LOS AÑOS DE CRECIMIENTO

*Bebés y niños pequeños*

Nuestros hijos necesitan muchos toques durante sus primeros años. Por fortuna, abrazar y mimar a un bebé parece casi instintivo para las madres, y en la mayoría de las culturas, los padres también participan de forma activa en dar afecto.

Sin embargo, en Estados Unidos, los padres a veces no tocan a los niños tanto como deberían. Trabajan muchas horas y a menudo vuelven cansados a casa. Si una madre trabaja, debe asegurarse de que el cuidador tenga la libertad y pueda tocarlos. ¿Se tocará con amor al niño durante todo el día o se dejará en una cuna solo, sin supervisión y sin amor? En el cuidado de los niños, un bebé merece caricias amorosas y suaves, ya sea en el cambio de pañales o durante la alimentación o el transporte. Incluso, un bebé es capaz de distinguir entre toques suaves, y duros o irritantes. Los padres deben hacer todo lo posible para garantizar el trato amoroso de sus hijos durante las horas que están separados.

A medida que un bebé crece y se vuelve más activo, no disminuye la necesidad del toque. Los abrazos y besos, la lucha en el suelo, llevarlo a cuestas y otros toques cariñosos y juguetones son vitales para el desarrollo emocional del niño. Los niños necesitan muchos toques significativos cada día, y los padres deben hacer todos los esfuerzos posibles para proporcionarles estas expresiones de amor. Si no eres un «abrazador» por naturaleza, quizá sientas que vas de manera consciente en contra de tu tendencia natural. Aun así, puedes aprender. Cuando llegamos a comprender la importancia de tocar con amor a nuestros niños, nos sentimos motivados a cambiar.

Los niños y niñas necesitan afecto físico por igual, pero los niños pequeños a menudo reciben menos que las niñas. Hay muchas razones para esto, pero la más común es que algunos padres sienten que el afecto físico de alguna manera feminizará a un niño. Por supuesto, esto no es verdad. El hecho es que mientras más padres les mantengan el tanque emocional lleno, más saludable será la autoestima e identidad sexual de los niños.

### Niños en edad escolar

Cuando tu niño comienza la escuela, todavía tiene una gran necesidad del toque físico. Un abrazo dado cuando se va cada mañana puede marcar la diferencia entre la seguridad y la inseguridad emocional a lo largo del día. Un abrazo cuando el niño regresa a casa puede determinar si tu niño tiene una velada tranquila de actividad mental y física positiva, o si hace un esfuerzo bullicioso para captar tu atención. ¿Por qué es esto? Los niños afrontan nuevas experiencias en la escuela todos los días y sienten emociones tanto positivas como negativas hacia los maestros y compañeros. Por lo tanto, el hogar debe ser un refugio, el lugar donde el amor es seguro. Recuerda, el toque físico es uno de los lenguajes fuertes del amor. A medida que se habla de forma natural y amorosa, tu niño se sentirá más cómodo y le resultará más fácil comunicarse con otras personas.

Quizá algunos aleguen: *Pero tengo un par de niños, y a medida que crecen, tienen menos necesidad de afecto y sobre todo de toque físico.* ¡No es así! Todos los niños necesitan el toque físico durante su infancia y adolescencia. Muchos niños de siete a nueve años pasan por una etapa en la que se resisten al toque afectivo, con todo y eso, aún necesitan el toque físico. Tienden a responder al toque de manera más vigorosa, como la lucha, los empujones, los golpes juguetones, los abrazos de oso, el saludo de «choca esos cinco» y cosas por el estilo. Las niñas también disfrutan de este tipo de toque físico, pero no se resisten a los toques más suaves, ya que a diferencia de los niños, no pasan por la etapa de resistirse al afecto.

Gran parte del toque físico en esta etapa de la vida de un niño vendrá a través de los juegos. El baloncesto, el fútbol americano y el fútbol son deportes de toque. Cuando juegan juntos en el patio, combinas el tiempo de calidad y el toque físico. Sin embargo, el toque no debe limitarse a tal juego. Pasarle la mano por el cabello a tu hijo, tocarlo en el hombro o en el brazo, darle palmaditas en la espalda o la pierna, junto con algunas palabras alentadoras, son significativas expresiones de amor para un niño en crecimiento.

Un tipo de toque físico favorito para muchos padres es abrazar a un niño pequeño mientras le lee una historia. Esto les permite a los padres mantener el contacto por períodos más largos, algo tan profundamente significativo para el niño que se convierte en un recuerdo permanente.

Otras veces en las que el toque físico es importante es cuando el niño está enfermo, cansado o herido de manera física o emocional, o cuando tiene lugar algo gracioso o triste. En esos momentos, los padres deben asegurarse de que tratan a los niños de la misma forma que a las niñas. La mayoría de los niños tiende a considerar el afecto físico como «femenino» en algunos períodos de su desarrollo; cuando son reacios, es más fácil que los padres se mantengan distanciados. Además, algunos adultos consideran a los niños varones menos atractivos durante ciertas etapas. Si los padres experimentan tales sentimientos, es importante resistirse a los mismos; deben seguir adelante y darles a los niños varones el toque físico que necesitan, incluso si estos actúan como si no lo quisieran.

### De preadolescentes a adolescentes

Durante los años escolares de tu hijo, es esencial recordar que lo estás preparando para la parte más difícil que es de la infancia a la adolescencia. Cuando un niño es pequeño, es comparativamente fácil llenarle el tanque emocional. Por supuesto, se vacía muy rápido y debe reabastecerse. A medida que el niño crece, el tanque de amor emocional también crece, y mantenerlo lleno se vuelve más difícil. A la larga, ese chico será más grande que tú, y más fuerte e inteligente, ¡solo pregúntale! ¡Y tu hija se convertirá en una maravillosa persona adulta que es más brillante e inteligente que tú!

Continúa llenando sus tanques con amor, incluso cuando no te den señales de sus necesidades. Mientras que los niños se acercan a la adolescencia quizá se retraigan al toque físico, temiendo que sea demasiado femenino, las niñas tal vez descubran que quienes se retraen son sus padres. Si deseas preparar de manera adecuada a tu hija preadolescente para el futuro, no te contengas con los toques. He aquí el porqué.

Durante la etapa preadolescente, las niñas tienen una particular necesidad de expresiones de amor de sus padres. A diferencia de los varones, la importancia de tener la seguridad del amor incondicional aumenta para las niñas y parece alcanzar su punto culminante alrededor de los once años. Una razón para esta necesidad especial es que las madres casi siempre les brindan más afecto físico en esta etapa que los padres.

Si pudieras observar a un grupo de niñas de sexto grado en la escuela, verías la diferencia entre las que están preparadas para la adolescencia y las que están luchando. Cuando una niña se acerca a esta etapa delicada de su vida, por intuición sabe que necesita sentirse bien consigo misma. También de forma inconsciente sabe que necesita tener una buena identidad sexual a fin de poder sobrevivir en los próximos años. Es crucial que se sienta valiosa como mujer.

Mientras observas a las chicas, verás que algunas tienen dificultades para relacionarse con el sexo opuesto. Son tímidas o retraídas con los niños, o pueden ser coquetas y hasta seductoras. Mientras que los niños pueden disfrutar de los coqueteos de una chica atractiva, no la tienen en alta estima y suelen ridiculizarla en privado. Sin embargo, la verdadera agonía para esta chica no solo es su reputación, sino también sus relaciones con otras chicas. Tienden a resentirla por su comportamiento con los niños. A esta edad, tener amistades normales y de apoyo con otras niñas es mucho más importante que llevarse bien con los niños. Estas amistades también establecen un patrón de por vida.

Algunas de esas chicas que observas no emplean comportamientos incómodos con los niños. Solo pueden ser ellas mismas debido a su saludable autoestima e identidad sexual. Sus patrones de comportamiento son constantes y estables, ya sea que estén interactuando con el mariscal de campo estrella, o un niño tímido y vacilante. También notas que los muchachos las tienen en alta estima. Sin embargo, lo mejor de todo es que tienen relaciones cercanas, de apoyo y significativas con otras chicas.

Las niñas con una autoestima y una identidad sexual fuerte y saludable, pueden resistir mejor la presión negativa de los compañeros. Son más capaces de aferrarse a los estándares morales que se les enseñó en casa, y están mejor equipadas para pensar por sí mismas.

¿Qué marca la diferencia en estas chicas? Algunas tienen problemas en sus relaciones con los compañeros y otras se desenvuelven a la perfección. Lo adivinaste, el tanque de amor emocional. La mayoría de las que están bien tienen padres que hacen su parte para mantenerles lleno el tanque emocional. Entonces, si una niña no tiene un padre presente en el hogar, no todo está perdido. Puede encontrar un buen padre sustituto en un abuelo o tío. Muchas niñas sin padre llegan a ser mujeres saludables en todos los sentidos.

## EL LADO OSCURO DEL TOQUE

Es triste, pero cierto, que no todo el toque es amoroso. Parece que casi a diario escuchamos alguna historia sobre un maestro, entrenador, pariente o, sí, un líder religioso que le acusan del toque inadecuado. Algunos lamentamos el paso de un tiempo en el que una maestra podía abrazar libremente a uno de sus alumnos. Sin embargo, el trauma soportado por quienes fueron víctimas de abuso sexual (o airado abuso físico) no debe minimizarse. Una discusión sobre el toque «inapropiado» va más allá del alcance de este libro. No obstante, si estás interesado en explorar más sobre este tema, hay una gran cantidad de recursos disponibles. Para un excelente análisis general de este delicado tema, recomiendo *Helping Victims of Sexual Abuse*, de Lynn Heitritter y Jeanette Vought.

## CUANDO EL LENGUAJE PRIMARIO DEL AMOR DE TU HIJO ES EL TOQUE

¿El lenguaje primario del amor de tu hijo es el toque? Asegúrate de leer el capítulo 7 para determinarlo con certeza. Sin embargo, aquí tienes algunas pistas. Para los niños que entienden este lenguaje del amor, el toque físico le comunicará el amor de manera más profunda que las palabras «Te amo», o darle un regalo, arreglarle una bicicleta o pasar tiempo a su lado. Por supuesto, reciben amor en todos los lenguajes, pero para ellos el que tiene la voz más clara y ruidosa es el toque físico. Sin abrazos, besos, palmadas en la espalda y otras expresiones físicas de amor, sus tanques de amor no estarán llenos.

Cuando usas el toque físico con estos niños, tu mensaje de amor llegará fuerte y claro. Un abrazo tierno le comunica amor a cualquier niño, pero les grita amor a estos niños en particular. Por otra parte, si utilizas el toque físico como una expresión de enojo u hostilidad, lastimarás a estos niños de manera muy profunda. Una bofetada es perjudicial para cualquier niño, pero es devastador para los niños cuyo lenguaje primario del amor es el toque.

Michelle no aprendió acerca de los cinco lenguajes del amor hasta que su hijo Jaden tenía doce años. Al final de un seminario de los lenguajes del amor, se volvió hacia una amiga y le dijo: «Ahora por fin entiendo a Jaden. Durante años, me ha molestado a cada momento mordiéndome. Cuando estoy trabajando en la computadora, camina detrás de mí, me pone las manos alrededor de la cara y me tapa los ojos. Si paso por su lado, extiende la mano y me pellizca el brazo. Si camino por la habitación cuando está acostado en el suelo, me agarra la pierna. A veces, tira de mis brazos detrás de mí. Solía pasar sus manos por mi cabello cuando estaba sentada en el sofá, aunque ya no lo hace desde que le dije que mantuviera sus manos fuera de mi cabello. Le hace lo mismo a su padre, y los dos casi siempre terminan en una pelea de lucha en el suelo.

»En este momento me doy cuenta de que el lenguaje primario del amor de Jaden es el toque físico. Todos estos años, me ha estado tocando porque quiere que le toquen. Reconozco que no soy muy tocadora: mis padres no abrazaban a la gente. Ya comprendo que mi esposo ha estado amando a Jaden con su lucha, mientras que yo he estado retrocediendo en sus esfuerzos por obtener el amor de mí. Cómo podría haberme perdido todo este tiempo, parece muy sencillo ahora».

Esa noche, Michelle habló con su esposo sobre el seminario. William estaba algo sorprendido por lo que escuchaba. «No había pensado en la lucha como amor, pero eso tiene mucho sentido», le dijo a su esposa. «Estaba haciendo lo que para mí resulta natural. Y sabes, el toque físico es mi lenguaje primario del amor también».

Cuando Michelle escuchó esto, se encendió otra luz. ¡No es de extrañar que William siempre quisiera abrazar y besar! Incluso, cuando no estaba interesado en el sexo, era la persona más «sensible» que había conocido. Esa noche, Michelle tuvo la sensación de tener demasiadas cosas nuevas para pensar, con todo y eso, decidió aprender a hablar el lenguaje del amor del toque físico. Solo comenzaría respondiendo a sus toques.

La siguiente vez que Jaden llegó donde ella estaba sentada frente a la computadora y le tapó los ojos con las manos, se levantó, se volvió y le dio un abrazo de oso. Jaden estaba sorprendido, pero se rio. Luego, la próxima vez que William la abrazó, le respondió de la manera en que lo hacía cuando eran novios. Él sonrió y dijo: «Te enviaré a más seminarios. En realidad, ¡eso da resultado!».

Michelle persistió en sus esfuerzos por aprender un nuevo lenguaje del amor y, a su debido tiempo, los toques comenzaron a resultarle más cómodos. Sin embargo, mucho antes de sentirse cómoda por completo, William y Jaden cosechaban los beneficios de sus toques físicos y le respondían al hablar su lenguaje primario del amor: actos de servicio. Jaden recogía sus cosas y William pasaba la aspiradora, y Michelle pensaba que estaba en el cielo.

## LO QUE DICEN LOS NIÑOS

Para muchos niños, el toque físico habla más fuerte que las palabras, los regalos, el tiempo de calidad o los actos de servicio. Sin él, su tanque de amor nunca se desbordará. Analiza lo que estos niños dijeron sobre el poder del toque físico.

Stella, de siete años de edad: «Sé que mi mamá me ama porque me abraza».

Jeremy, estudiante de bachillerato, nos contó cómo sabía que sus padres lo amaban: «Lo demostraban todo el tiempo. Cada vez que salía de la casa, según lo que puedo recordar, siempre recibía un abrazo y un beso de mi madre, y un abrazo de mi padre si estaba en casa. Y cada vez que llegaba a casa, se repetía la misma demostración. Sigue siendo así. Algunos de mis amigos no pueden creerles a mis padres, porque no crecieron tocando a sus familias, pero me gusta. Todavía espero sus abrazos. Me proporcionan sentimientos agradables por dentro».

A Hunter, de once años de edad, se le preguntó: «En una escala de cero a diez, ¿cuánto te quieren tus padres?». Sin pestañear, respondió: «Diez». Cuando le preguntamos por qué sentía esto con tanta firmeza, dijo: «Bueno, porque me lo dicen, pero aún más por la forma en que me tratan. Papá siempre tropieza conmigo cuando pasa, y luchamos en el suelo. Él es muy divertido. Y mamá siempre me está abrazando, aunque ha dejado de hacerlo frente a mis amigos».

Taylor, de doce años, vive con su madre la mayor parte del tiempo y visita a su padre cada dos fines de semana. Dijo que se siente amada en especial por su padre. Cuando le preguntamos por qué, dijo: «Porque cada vez que voy a verlo, me abraza, me besa y me dice lo contento que está de verme. Cuando me voy, me abraza durante mucho tiempo y me dice que me extraña. Sé que mi madre también me ama, hace muchas cosas por mí, pero me gustaría que me abrazara y actuara con tanta emoción por estar conmigo como papá».

Si el toque físico es el lenguaje primario del amor de tu hijo y tú no eres por naturaleza alguien que toca, pero deseas aprender el lenguaje del amor de tu hijo, puede ser útil si comienzas por tocarte a ti mismo. Sí, hablamos en serio. Primero, toma tu mano y toca tu brazo, comenzando por la muñeca y moviéndola poco a poco hasta tu hombro. Date un masaje en los hombros. Ahora, toma la otra mano y haz lo mismo por el otro lado. Pasa ambas manos por tu cabello, masajeando tu cuero cabelludo de adelante hacia atrás. Siéntate derecho con ambos pies en el piso y acaricia tus piernas, con ritmo si lo deseas. Coloca una mano sobre tu estómago. Luego, inclínate y toca tus pies y masajea tus tobillos. Siéntate y di: «¡Vaya! Lo hice. Me toqué y puedo tocar a mi hijo».

Para esos a quienes nunca los han tocado y se sienten incómodos con los toques, este ejercicio puede ser un primer paso para derribar las barreras al toque físico. Si eres una de estas personas, puedes repetir este ejercicio una vez al día hasta que tengas suficiente valor para iniciar un toque físico con tu hijo o cónyuge. Una vez que comiences, establece un objetivo y toca a tu hijo de manera consciente todos los días. Más tarde, puedes hacer hasta varios toques al día. Cualquiera puede aprender el lenguaje del toque físico, y si es el lenguaje primario del amor de tu hijo, vale la pena esforzarse al máximo.

## SI EL LENGUAJE DEL AMOR DE TU NIÑO ES
# TOQUE FÍSICO:

*Aquí tienes algunas ideas más, en especial para los padres. Elige con cuidado entre las mismas, a fin de probar algo nuevo que creas que apreciará tu niño.*

- Cuando saludes o te despidas de tu niño pequeño, tómalo en brazos y cárgalo. De rodillas, si son niños pequeños.

- Deja que tu hijo sostenga o abrace un objeto blando, como una manta, para calmarlo.

- Abraza y besa a tus niños todos los días cuando se vayan y regresen de la escuela, así como también cuando arropes por la noche a los niños más pequeños.

- Acaríciales el cabello a tus niños o frótales la espalda cuando te cuenten acerca de un día difícil o se sientan molestos.

- Poco después de disciplinar a tus hijos, dedica un tiempo para abrazarlos y mostrarles que la disciplina se basó en las consecuencias de sus decisiones erróneas, pero que aún los amas y valoras como tus hijos.

- Acurrúquense juntos en el sofá cuando vean la televisión.

- Choquen los cinco el uno al otro u otra felicitación similar cada vez que captes a tu hijo haciendo algo positivo.

- Cómprale un regalo a tu hijo orientado al toque, como una almohada suave, una manta o un suéter.

- De vez en cuando, grita un «abrazo en grupo» para toda tu familia, sin importar cuán grande o pequeño sea el tamaño de la familia. Para agregar más diversión, incluye mascotas familiares, como el perro o el gato.

- Hagan juegos o deportes juntos que requieran un toque físico. Esto permitirá que tanto el tiempo en común como el toque sean significativos sin parecer forzados.

- Canta canciones de acción junto con tus niños que requieran tocar y actuar, como aplaudir, girar o saltar. Muchos de los DVD infantiles de hoy lo hacen aún más fácil.

- Hazles «cosquillas» a tus hijos, teniendo cuidado de no permitir que se convierta en una actividad estresante para ellos.

- Con los niños más pequeños, lee historias junto con tu hijo en tu regazo.

- Cuando tu hijo esté enfermo o se lastime, dedica un tiempo adicional para brindarle comodidad, como limpiarle la cara con un paño frío.

- Tómense de las manos durante las oraciones familiares.

PALABRAS DE AFIRMACIÓN

# 3

SEGUNDO LENGUAJE DEL AMOR:

# Palabras de afirmación

---

«¿**M**i padre me ama? Sí, porque cuando juego al *hockey*, siempre aplaude, y después del juego me dice: "Gracias por jugar duro". Asegura que lo principal no es ganar, sino dar lo mejor de mí».

Sam, de once años de edad, continuó. «A veces, cometo errores, pero él me dice que no me preocupe. Me afirma que lo haré mejor si sigo dando lo mejor de mí».

En la comunicación del amor, las palabras son poderosas. Las palabras de afecto y cariño, palabras de elogio y ánimo, palabras que brindan una guía positiva, dicen: «Me preocupo por ti». Tales palabras son como una suave y cálida lluvia que cae sobre el alma; nutren el sentido interno de valor y seguridad del niño. Aunque tales palabras se dicen con rapidez, no se olvidan pronto. Un niño cosecha los beneficios de las palabras de afirmación para toda la vida.

Por otra parte, las palabras cortantes, pronunciadas por una frustración efímera, pueden dañar la autoestima de un niño y arrojar dudas sobre sus habilidades. Los niños piensan que creemos profundamente lo que decimos. El antiguo proverbio hebreo no exageraba la realidad: «En la lengua hay poder de vida y muerte»[1].

El segundo lenguaje del amor es *palabras de afirmación*. Algunos niños perciben el mayor sentido del amor en expresiones que los afirman. Como veremos, estas expresiones no necesitan ser las palabras «Te amo».

## ENTENDAMOS EL «TE AMO»

Mucho antes de que puedan entender el significado de las palabras, los niños reciben mensajes emocionales. El tono de voz, la gentileza del estado de ánimo, el sentido de preocupación, todo comunica afecto emocional y amor. En general, los padres hablan con sus bebés, y lo que los bebés entienden es la expresión de la cara y los afectos, combinados con la cercanía física.

Debido a que los niños pequeños desarrollan poco a poco su capacidad para usar palabras y conceptos, no siempre sabrán a qué nos referimos con nuestras palabras, incluso cuando decimos: «Te amo». El amor es un concepto abstracto. No pueden ver el amor como pueden ver un juguete o un libro. Puesto que los niños tienden a pensar de manera concreta, debemos ayudarlos a comprender a qué nos referimos cuando les expresamos nuestro amor. Las palabras «Te amo» adquieren un mayor significado cuando el niño puede asociarlas con tus sentimientos afectuosos, y con frecuencia esto significa una cercanía física. Por ejemplo, cuando le lees al niño a la hora de acostarse, abrazando a tu pequeño, en un punto de la historia donde los sentimientos del niño son afectuosos y amorosos, puedes decir con suavidad: «Te amo, cariño».

**Los niños piensan que creemos profundamente lo que decimos.**

Una vez que tu hijo comienza a entender lo que significa tu «Te amo», puedes usar estas palabras de diferentes formas y en distintos momentos, a fin de que se conecten a eventos regulares, como enviar a un niño a jugar o a la escuela. Además, puedes combinar tus palabras de amor con elogios genuinos por algo sobre tu hijo. Katy, ahora madre de dos hijos, dice: «Recuerdo cómo mi madre solía hablar sobre mi hermoso cabello rojo. Sus comentarios positivos mientras peinaba mi cabello antes de la escuela han sido una parte constante de mi percepción propia. Años más tarde, cuando descubrí que los pelirrojos somos una minoría, nunca tuve sentimientos negativos sobre mi pelo rojo. Estoy segura de que los amorosos comentarios de mi madre tuvieron mucho que ver con eso».

## EL BUEN TIPO DE ELOGIO

El elogio y el afecto a menudo se combinan en los mensajes que le damos a un niño. Necesitamos distinguir entre los dos. El afecto y el amor significan *expresar aprecio por el propio ser de un niño*, por las características y habilidades que forman parte del paquete total de su persona. En contraste, expresamos *elogios por lo que hace el niño*, ya sea en logros, comportamientos o actitudes conscientes. El elogio, como la usamos aquí, es para algo sobre lo cual el niño tiene cierto grado de control.

Debido a que quieres que las palabras de elogio sean genuinamente significativas para tu niño, debes tener cuidado con lo que dices. Si usas elogios con demasiada frecuencia, tus palabras tendrán poco efecto positivo. Por ejemplo, puedes decir algo como: «Eres una buena chica». Esas son palabras maravillosas, pero debes ser prudente al usarlas. Es más eficaz decirlo cuando la niña hizo algo por lo que se siente bien y espera un cumplido. Esto es cierto en especial con cumplidos específicos como: «¡Gran atrapada!», cuando solo se trataba de una promedio. Los niños saben cuándo el elogio se da por razones justificadas y cuándo se da solo para que se sientan bien, y pueden interpretar que este último no es sincero.

Los frecuentes elogios al azar son riesgosos por otra razón. Algunos niños se acostumbran tanto a este tipo de elogios que asumen que es natural y esperan que sea así. Cuando se encuentran en situaciones en las que no se hacen tales elogios, dan por sentado que algo anda mal con ellos y se ponen ansiosos. Cuando ven a otros niños que no reciben tal apoyo, pueden preguntarse por qué sienten una necesidad tan excesiva de elogio.

Por supuesto, queremos elogiar a los niños que nos importan, pero debemos asegurarnos que el elogio sea verdadero y justificado. De lo contrario, pueden considerarlo como halago, lo cual pueden equipararse con mentir.

## EL PODER DE ANIMAR

La palabra «animar» significa «infundir vigor». Procuramos infundir en los niños el ánimo de intentar más. Para un niño pequeño, casi todas las experiencias son nuevas. Aprender a caminar, hablar o montar bicicleta requiere un ánimo constante. Con nuestras palabras, alentamos o desanimamos los esfuerzos del niño.

Los logopedas dicen que los niños aprenden a hablar al imitar a los adultos, pero que el proceso se potencia si los adultos no solo pronuncian las palabras con claridad, sino que también animan verbalmente los intentos de lucha del niño para decirlas bien. Declaraciones como: «Eso está cerca, eso es bueno, sí, genial, lo tienes», no solo anima al niño a aprender las palabras que tiene entre manos, sino también a desarrollar el vocabulario futuro.

**El mayor enemigo de animar a nuestros hijos es la ira.**

El mismo principio es cierto en el aprendizaje del niño de las habilidades sociales. «Vi cómo compartiste tus juguetes con Marta. Me gusta eso, la vida es mucho más fácil cuando compartimos». Palabras como estas le dan a un niño una motivación interna adicional para ir en contra de lo que podría ser un deseo natural de acaparar. O considera a un padre que le dice a un niño de sexto grado: «Dany, noté que esta noche después del juego, escuchabas con atención a Raúl mientras te decía lo que sentía sobre su juego. Estaba muy orgulloso de ti por prestarle toda tu atención, a pesar de que otros te daban palmadas en la espalda cuando pasaban. Escuchar a las personas es uno de los mejores regalos que puedes darles». Este padre le está inculcando a Dany el valor para desarrollar el arte de escuchar, una de las más importantes en el campo de las relaciones humanas.

Tal vez te resulte difícil usar palabras que den ánimo. Ten en cuenta que uno de los aspectos de sentirse alentado es el de estar bien físicamente. El entusiasmo y la vitalidad requieren energía; esto significa que como padres debemos tener la mejor salud posible física, mental, emocional y espiritual. Cuando nos sentimos animados, estamos en mejores condiciones de animar a nuestros hijos. En hogares con dos padres, estos deben animarse el uno al otro; si eres padre soltero, ten amigos o parientes de confianza que refuercen tu espíritu y energía.

El mayor enemigo de animar a nuestros hijos es la ira. Mientras más enojo alberguen los padres, más ira les infundirá el padre a los hijos. El resultado será un niño que va en contra de la autoridad y de los padres. Como es natural, esto significa que un padre juicioso hará todo lo que esté a su alcance para calmar la ira, a fin de mantenerla al mínimo y manejarla con madurez.

El escritor de Proverbios fue de veras sabio: «La respuesta amable calma el enojo»[2]. El volumen de la voz de un padre tiene una gran influencia sobre la reacción de un niño a lo que dice el padre. Se necesita práctica para hablar en voz baja, pero todos podemos aprender a hacerlo. Además, cuando nos sentimos tensos con nuestros hijos, podemos aprender a hablar con calma, haciendo preguntas siempre que sea posible, en lugar de emitir órdenes. Por ejemplo, ¿cuál de estas afirmaciones sería la mejor para animar a un niño o a un adolescente? «¡Saca la basura ahora!» o «¿Me sacarías la basura, por favor?». Cuando tratamos de animar a nuestros hijos en un asunto en particular, es más probable que respondan de manera favorable en lugar de rechazar nuestras ideas.

## LO QUE LLEVÓ MARCOS A LA GUERRA

Hace años, una maestra de secundaria en Minnesota hizo algo extraordinario. Les pidió a sus alumnos que enumeraran los nombres de» todos los demás alumnos de la clase, dejando un espacio entre los nombres. Luego, les dijo que pensaran en lo mejor que pudieran decir sobre cada uno de sus compañeros de clase y que lo escribieran. Al final del período, recogió estas hojas y, durante el fin de semana, escribió el nombre de cada estudiante en una hoja aparte y anotó lo que todos dijeron acerca de esa persona. El lunes, le dio a cada alumno su lista.

Cuando comenzaron a leer, empezaron a cuchichear: «Nunca pensé que significara algo para nadie» o «No sabía que a los demás les gustara tanto». Los trabajos nunca se discutían en clase, pero la maestra sabía que el ejercicio fue un éxito porque les dio a los estudiantes un sentimiento muy positivo sobre sí mismos.

Varios años después, a uno de esos estudiantes lo mataron en Vietnam. Después que trajeron de vuelta su cuerpo a Minnesota, la mayoría de sus compañeros de clase, junto con la maestra de matemáticas, asistieron al funeral. En el almuerzo después del servicio, el padre del joven le dijo a la maestra: «Quiero mostrarle algo», y sacó una billetera de su bolsillo. «Encontraron que Marcos llevaba esto cuando lo mataron. Pensamos que podría reconocerlo». Al abrir la billetera, sacó dos hojas gastadas de papel de cuaderno pegadas con cinta adhesiva, dobladas una y otra vez. Era la lista de cosas buenas que los compañeros de clase de Marcos escribieron sobre él.

«Muchas gracias por hacer esto», le dijo la madre de Marcos a la maestra. «Como puede ver, era un tesoro para nuestro hijo». Uno a uno, los compañeros de clase de Marcos comenzaron a revelar que cada uno todavía tenía su hoja y que la leían a menudo. Algunos la llevaban en la billetera; uno incluso la puso en su álbum de bodas. Un hombre dijo: «Creo que todos guardamos nuestra lista»[3].

## MENSAJE APROPIADO, MANERA ERRÓNEA

Las palabras alentadoras son más eficaces cuando se enfocan en un esfuerzo específico que realizó tu hijo. El objetivo es sorprenderlo haciendo algo bueno y luego felicitarlo por esto. Sí, eso requiere mucho más esfuerzo que atraparlo haciendo algo malo y luego condenarlo por esto, pero vale la pena el resultado final: la dirección que guía a tu hijo en su desarrollo moral y ético.

Los niños necesitan orientación. Aprenden a hablar exponiéndose a un idioma en particular. Aprenden cómo comportarse viviendo en cierto tipo de sociedad. En la mayoría de las culturas, los padres tienen la responsabilidad principal de socializar a los niños. Esto no solo implica lo que se debe hacer y lo que no se debe hacer, sino también su desarrollo ético y moral.

A todos los niños los guía alguien. Si ustedes, como sus padres, no son sus guías principales, otras influencias e individuos asumirán ese papel: la escuela, los medios, la cultura, otros adultos o pares que obtienen su orientación de otra persona. Pregúntate esto: ¿Están recibiendo mis hijos orientación positiva y amorosa? La orientación amorosa siempre tiene en mente los mejores intereses de un niño. Su propósito no es hacer que los padres y otros adultos se vean bien; su propósito es ayudar al niño a desarrollar las cualidades que le serán útiles en el futuro. El cuarto tipo de palabras afirmativas le ofrece a tu hijo orientación para el futuro. Es un poderoso elemento del segundo lenguaje del amor.

**Muchos padres ven su orientación como un ejercicio de prohibición.**

Con demasiada frecuencia los padres dan el mensaje apropiado, pero de la manera errónea. Les dicen a sus hijos que no consuman alcohol, pero su actitud ruda y cruel puede llevar a los niños al alcohol. Las palabras de orientación se deben dar de manera positiva. Un mensaje positivo entregado de manera negativa siempre obtendrá resultados negativos. Como dijera un niño: «Mis padres me gritan y me chillan diciéndome que no grite ni chille. Esperan que haga algo que ellos no aprendieron a hacer. Es injusto».

Otra dificultad es que muchos padres ven la orientación como un ejercicio de prohibición. «No mientas». «No golpees a tu hermana». «No cruces la calle». «No comas demasiados caramelos». Luego, más tarde: «No bebas y conduzcas». «No te quedes embarazada». «No fumes». «No experimentes con drogas». «No vayas a ese concierto». Estas son buenas advertencias, pero apenas son instrucciones suficientes para edificar una vida significativa. A fin de estar seguros, la prohibición es parte de la guía de los padres, pero nunca debe ser el elemento predominante. En el relato bíblico del jardín del Edén, Dios les dio a Adán y Eva un solo aspecto negativo; todas las demás orientaciones fueron positivas. Les dio un trabajo significativo para llenar sus vidas con actividad productiva. Mucho más tarde, cuando los hijos de Israel llegaron al Sinaí, se les dieron los Diez Mandamientos, que incluyen mandatos tanto positivos como negativos. En el Sermón del Monte de Jesús, su guía es abrumadoramente positiva.

Lo negativo es necesario, pero solo como parte de la orientación que les damos a nuestros hijos. La ley suprema es la del amor, y es una guía amorosa y positiva lo que necesitan con urgencia nuestros hijos. Si podemos guiarlos hacia actividades positivas y significativas, es menos probable que caigan presa de los peligros que queremos que eviten.

Los padres que ofrecen palabras de orientación amorosa observarán de cerca los intereses y las habilidades de sus hijos, y darán un refuerzo verbal positivo de esos intereses. Desde actividades académicas hasta simples reglas de etiqueta y el complejo arte de las relaciones personales, los padres deben expresar el amor emocional en la orientación verbal positiva que les dan a sus hijos.

Cuando tu hijo o hija es adolescente, en lugar de condenar a los amigos de tu hijo que toman malas decisiones, es mucho mejor adoptar un enfoque amoroso que exprese preocupación por ellos. Puedes mostrarle a tu hijo relatos de accidentes y muertes que involucran drogas y alcohol, y comentarle lo doloroso que es para ti pensar en tal devastación en las vidas de estos jóvenes y sus familias. Cuando tu hijo escucha expresiones amorosas de preocupación por otros jóvenes, es mucho más probable que se identifique contigo que cuando te escucha condenando a personas que hacen tales cosas.

## CUANDO EL LENGUAJE PRIMARIO DEL AMOR DE TU NIÑO ES PALABRAS DE AFIRMACIÓN

Las palabras «Te amo» siempre deben ser independientes en la realidad o por implicación. Al decir: «Te amo... ¿harías esto por mí?», diluyes el tema del amor. Al decir: «Te amo, pero te lo diré ahora mismo...», lo cancelas. Las palabras «Te amo» nunca deben diluirse con declaraciones condicionales. Esto es cierto para todos los niños, pero en especial para quienes cuyo lenguaje primario del amor son las palabras.

Para sus padres, Cole, de diez años de edad, parecía muy letárgico. Habían intentado todo tipo de cosas para ayudarlo a estar más interesado en la vida, desde los deportes hasta el perro, y estaban en el límite de su ingenio. A menudo se quejaban con Cole por su actitud, diciéndole que debería estar agradecido de tener padres que se preocupaban por él y que también necesitaba encontrar un interés que pudiera desarrollar. Incluso, lo amenazaron con llevarlo a un consejero si no se entusiasmaba más con la vida.

Después que Steve y Jenny asistieron a un seminario sobre los lenguajes del amor, se preguntaron de inmediato si el lenguaje primario del amor de Cole podría ser palabras de afirmación. Se dieron cuenta de que esta era la única cosa que no le habían dado. En cambio, lo habían llenado de regalos, lo abrazaban a diario, y le proporcionaban tiempo de calidad y actos de servicio. Sin embargo, sus palabras reales para su hijo le enviaban otro mensaje, uno de crítica.

Entonces, desarrollaron un plan. Jenny y Steve comenzaron a hacer un esfuerzo consciente para darle a Cole palabras de afirmación, empezando con comentarios sobre lo que les gustaba de él. Mientras se preparaban para este experimento, decidieron que durante un mes se concentrarían en hacer que sus palabras comunicaran este mensaje: «Nos preocupamos por ti, te amamos, nos agradas».

Cole era un niño físicamente atractivo, por lo que comenzarían comentando su apariencia. No vincularían sus palabras de afirmación a una sugerencia como: «Eres fuerte, deberías estar jugando al fútbol». Más bien, hablarían sobre su constitución atlética y lo dejarían así. También comenzaron a observar las cosas en el comportamiento de Cole que los complacían y luego hicieron declaraciones positivas. Si alimentaba a su terrier, Lucy, expresaban aprecio en lugar de decir: «Ya es hora». Cuando tenían que guiar, trataban de ser positivos.

Un mes después, Steve y Jenny informaron: «No podemos creer el cambio en Cole. Es un niño diferente... tal vez se deba a que somos padres diferentes. Su actitud hacia la vida es mucho más positiva. Está contándonos chistes y riéndose. Le da de comer a Lucy y hace poco salió a jugar al fútbol con algunos niños. Creemos que vamos por el buen camino».

El descubrimiento de Steve y Jenny los cambió tanto a ellos como a Cole. Aprendieron que la crianza no es solo una cuestión de hacer lo que sea natural. Debido a que cada niño es diferente, es esencial comunicarle amor a ese niño en su lenguaje primario. La historia de Jenny y Steve muestra que es posible utilizar el lenguaje del amor de un niño de manera equivocada, trayendo dolor y frustración al niño. El lenguaje de Cole era palabras de afirmación, y le estaban dando palabras de condena. Tales palabras son perjudiciales para cualquier niño, pero son destructivas en extremo para un niño cuyo lenguaje primario es el de palabras de afirmación.

Si crees que este es el lenguaje de tu niño, pero te resulta difícil decir cosas que afirmen, te sugerimos que mantengas un cuaderno titulado «Palabras de afirmación». Cuando escuches a otros padres darles afirmación a sus hijos, escribe sus declaraciones en tu cuaderno. Cuando leas un artículo sobre la crianza de los hijos, anota las palabras positivas que encuentres. Busca libros sobre relaciones entre padres e hijos, y apunta todas las palabras de afirmación que descubras. Luego, practica al decir esas palabras frente a un espejo. Cuanto más las repitas, más se harán tuyas. Después, busca oportunidades para decirle de manera consciente estas cosas que afirmen a tu hijo, al menos tres veces al día.

Si descubres que vuelves a caer en viejos patrones de condena o negativismo, dile a tu hijo que lo sientes, que te das cuenta de que las palabras le hacen daño, y que esto no es lo que sientes por él. Pídele que te perdone. Dile que estás tratando de ser un mejor padre, que lo amas profundamente y quieres comunicar ese amor de manera más eficaz. A su debido tiempo, podrás romper los viejos hábitos y establecer nuevos patrones. La mejor recompensa de todas es que verás el efecto en la cara de tu hijo, sobre todo en sus ojos, y lo sentirás en tu corazón. Además, es muy probable que comiences a recibir palabras de afirmación suyas; cuanto más se sienta amado por ti, lo más probable es que te corresponda.

## LO QUE DICEN LOS NIÑOS

Los cuatro niños siguientes tienen en común las palabras de afirmación como su lenguaje primario del amor.

Melissa, de ocho años, dijo: «Amo a mi madre porque me ama. Todos los días me dice que me ama. Creo que mi padre también, pero nunca me lo dice».

Grace, de doce años, se fracturó el brazo este año. «Sé que mis padres me aman, porque aunque me estaba costando mucho mantener el ritmo de mis tareas escolares, me alentaban. Nunca me obligaban a hacer la tarea cuando no me sentía bien, sino que me decían que podía hacerla más tarde. Me decían lo orgullosos que estaban de cuánto me estaba esforzando y que sabían que podría estar al día».

Jacob es un niño de cinco años activo y comunicativo, que está seguro de que sus padres lo aman. «Mi mamá me ama y mi papá me ama. Todos los días me dicen: "Te amo"».

Juan, de diez años, ha estado en hogares adoptivos desde que tenía tres años. Durante los últimos ocho meses, ha vivido con Doug y Betsy, su cuarto grupo de padres adoptivos. Cuando se le preguntó si de veras lo amaban, dijo que sí. Le preguntamos por qué lo dijo tan rápido. «Porque no me gritan ni me chillan. Mis últimos padres adoptivos gritaban y chillaban todo el tiempo. Me trataban como basura. Doug y Betsy me tratan como a una persona. Sé que tengo muchos problemas, pero también sé que me quieren».

Para los niños cuyo lenguaje primario del amor son las palabras de afirmación, nada es más importante para su sentido de ser amados que escuchar a los padres y a otros adultos afirmarlos con palabras. Sin embargo, a la inversa también es cierto: las palabras de condena los lastimarán de manera muy profunda. Las palabras duras y críticas son perjudiciales para todos los niños, pero para los que su lenguaje primario del amor es el de palabras de afirmación, tales palabras negativas son devastadoras. Y pueden darle vueltas en sus mentes por muchos años.

Por lo tanto, es esencial que los padres y otros adultos importantes en la vida del niño se disculpen de inmediato por comentarios negativos, críticos o duros. Si bien las palabras no se pueden borrar con una disculpa, su efecto se puede minimizar. Si te das cuenta de que tienes un patrón de comunicación negativo con tu hijo, puedes alentar a tu cónyuge para que te grabe algunos de tus episodios a fin de que puedas escucharte. Esto puede ser muy aleccionador, pero también puede ser un paso para romper patrones negativos de expresión. Debido a que la comunicación positiva es tan importante para cada relación exitosa entre padres e hijos, vale la pena el esfuerzo de romper patrones antiguos y establecer nuevos. El beneficio para tu hijo será enorme, y la sensación de satisfacción que obtendrá será muy gratificante.

## SI EL LENGUAJE DEL AMOR DE TU NIÑO ES
# PALABRAS DE AFIRMACIÓN:

*Aquí tienes algunas ideas más, en especial para los padres. Elige con cuidado entre las mismas, a fin de probar algo nuevo que creas que apreciará tu niño.*

- Pon una nota pósit en su lonchera con algunas palabras alentadoras.

- Acostúmbrate a mencionar algo específico que observaste y que resalta los logros de tu hijo. Los ejemplos incluyen: «De verdad aprecié lo amable que fuiste con ese otro niño» o «Me gustó la actitud positiva que tuviste durante el juego».

- Pregúntales a tus hijos qué quieren hacer, o ser, cuando sean grandes. Luego, anímalos de maneras que los ayuden a perseguir estos sueños. Si tu hija dice: «Quiero ser veterinaria cuando crezca», dile cosas como: «Creo que serías una buena veterinaria».

- Envíales a tus hijos mayores un mensaje de texto diciéndoles cuánto significan para ti. Mejor aún, conviértelo en un hábito para cuando tengas que salir de la ciudad, o en un día de fiesta como un cumpleaños.

- Si eres artístico, crea una pintura o dibujo que muestre cuánto amas a tu hijo.

- Toma una fotografía u otra creación que hiciera tu hijo y enmárcala con una nota de por qué significa mucho para ti.

- Llama a tus hijos en casa cada vez que pienses en ellos solo para decirles: «Te amo».

- Crea un nombre especial de afecto para tu hijo que solo se use entre ustedes dos.

- Cuando tengas que estar fuera de la ciudad por trabajo u otras razones, deja una serie de notas breves para tu hijo, una por cada día que estén separados.

- Acostúmbrate a decir «Te amo» cada vez que arropes a tu hijo o se separen el uno del otro.

- Coloca su obra de arte en áreas que reconocen que son importantes para ti, como el refrigerador, la oficina o el álbum de recortes especial.

- Cuando tus hijos se sientan deprimidos, diles cinco razones por las que estás orgulloso de ellos.

- Deja una nota en la caja de cereal, el espejo del baño u otro lugar que sepas que verá tu hijo. Un simple «Papá te ama» o «Mamá te ama» en un lugar único puede ser muy poderoso.

- Obtén un llavero que tenga una imagen y en su lugar coloca fotos de tus hijos. Habla sobre las fotos con familiares o amigos cuando tus hijos estén presentes.

- Crea un frasco de estímulo que tú y tu hijo puedan usar para agregar notas de elogios y leer juntos con regularidad.

- Dibuja una imagen grande o palabras de ánimo con tiza gruesa en la entrada de la casa, ya sea juntos o como una sorpresa para que puedan ver más tarde.

- Cuando un niño comete un error tratando de hacer algo útil, primero usa palabras para reconocer que conocías sus buenas intenciones.

# 4

TERCER LENGUAJE DEL AMOR:

# Tiempo de calidad

E mma, de cuatro años de edad, tira de la pierna de su madre.
—¡Mamá, mamá, vamos a jugar!

—No puedo jugar en este momento —dice Kate, mirando la pantalla—. Tengo que terminar de pagar las facturas. Jugaré contigo después de eso. Ve a jugar sola durante unos minutos y luego haremos algo juntas.

A los cinco minutos, Emma regresa, pidiendo jugar.

—Emi, te dije que primero tengo que hacer una cosa importante —le responde Kate—. Ahora corre y estaré allí en unos minutos.

Emma sale de la habitación, pero a los cuatro minutos está de vuelta. Por fin, se pagan las facturas y las dos tienen su tiempo de juego. Aun así, Kate sabe que la escena se repetirá mañana.

¿Qué podemos aprender de Kate y Emma? Las posibilidades son buenas de que la pequeña Emi esté revelando su lenguaje primario del amor: *tiempo de calidad*. Lo que de veras la hace sentir amada es la atención indivisa de su madre. Esto es tan importante para ella que regresa una y otra vez. Sin embargo, Kate a menudo ve estas constantes peticiones como intromisiones. Si persiste el tiempo suficiente, puede incluso «perder el control» con su hija y enviarla a descansar a su habitación, justo lo contrario de lo que necesita Emma.

¿Cuál es la respuesta?, pregunta Kate. ¿Es posible amar a *una niña y aun así hacer mi propio trabajo?* La respuesta es un sí rotundo. Aprender el lenguaje primario del amor de un niño es clave para alcanzar ese objetivo. Si Kate le hubiera dado a Emma quince minutos de tiempo de calidad *antes* de comenzar a pagar las facturas, es probable que pudiera haber hecho su trabajo en paz. Cuando el tanque de amor de una niña está vacío y la atención es lo único que lo llenará, esa niña estará dispuesta a hacer cualquier cosa para conseguir lo que necesita.

Incluso, si el lenguaje primario del amor de tu hijo no es tiempo de calidad, muchos niños anhelan la atención exclusiva de los padres. Es más, gran parte de la mala conducta infantil se debe a un intento de tener más tiempo con mamá o papá. Hasta la atención negativa parece mejor que ninguna atención para el niño.

Durante años, hemos escuchado a personas hablar sobre la necesidad de darles a los niños «tiempo de calidad», sobre todo en medio de la actividad de la cultura actual. Sin embargo, mientras más personas hablan sobre el tiempo de calidad, muchos niños mueren de hambre por este.

El tiempo de calidad está enfocado en la atención indivisa. La mayoría de los bebés reciben mucho tiempo de calidad: la simple alimentación y el cambio de pañales les ofrece ese tipo de atención, no solo de las madres, sino también de los padres y tal vez de la familia extendida.

A medida que el niño crece, la entrega de tiempo de calidad se vuelve más difícil, ya que requiere un verdadero sacrificio por parte de los padres. Es más fácil dar un toque físico y palabras de afirmación que tiempo de calidad. Como están las cosas, pocos de nosotros tenemos suficientes horas al día para tenerlo todo hecho; darle tiempo de calidad al niño puede significar que tengamos que renunciar a alguna otra cosa. A medida que los niños crecen hacia la adolescencia, a menudo necesitan nuestra atención justo cuando los padres estamos exhaustos, apurados o desanimados en lo emocional.

El tiempo de calidad es el regalo de la presencia de un padre a un niño. Transmite este mensaje: «Tú eres importante. Me gusta estar contigo». Hace que el niño sienta que es la persona más importante del mundo para el padre. Se siente amado de verdad porque tiene a su padre solo para sí.

Cuando pasas tiempo de calidad con los niños, necesitas estar a su nivel de desarrollo físico/ emocional. Mientras aprenden a gatear, por ejemplo, puedes sentarte en el piso con ellos. Una vez que dan los primeros pasos, debes estar cerca, instándolos a continuar. A medida que progresan hasta los cajones de arena, y aprenden a lanzar y patear una pelota, tú estás allí. Cuando su mundo se amplía para incluir la escuela, las clases de diversos tipos, los deportes, la iglesia y las actividades comunitarias, estás todo el tiempo a la par con ellos. Cuanto mayor es un niño, más difícil puede ser, en especial cuando intentas tener un tiempo privado para cada niño mientras permaneces involucrado en sus actividades más públicas.

**El tiempo de calidad no requiere que vayas a un lugar especial.**

## «ÉL HACE COSAS CONMIGO»

El factor más importante en el tiempo de calidad no es el evento en realidad, sino que se hace algo juntos, estar juntos. Cuando le preguntaron a Natán, de siete años, cómo sabía que su padre lo amaba, dijo: «Porque él hace cosas conmigo. Cosas como tirar canastas y pasar el rato con juegos en la computadora. También yendo juntos a la tienda de mascotas».

El tiempo de calidad no requiere que vayas a un lugar especial. Puedes brindar atención concentrada casi en cualquier parte, y tus momentos de mayor calidad serán a menudo en casa, cuando estás solo con el niño. Encontrar tiempo para estar a solas con cada niño no es fácil, con todo y eso, es esencial. En una sociedad donde las personas son cada vez más espectadoras que participantes, la atención concentrada de los padres es aún más crítica.

En muchos hogares, los niños extrañarían sus computadoras y otros juguetes electrónicos más de lo que extrañarían a sus padres. Los niños reciben cada vez más influencia de fuerzas externas a la familia y necesitan una mayor influencia del tiempo personal con sus padres. Te hace falta un verdadero esfuerzo para establecer esta clase de tiempo en tu agenda, con todo y eso, hacer el esfuerzo es más bien una inversión en el futuro de tus hijos y tu familia.

**El tiempo de calidad no solo significa hacer cosas juntos, es un medio para conocer mejor a tu hijo.**

Si tienes varios hijos, debes buscar momentos en los que puedas estar a solas con cada uno. Esto no es fácil, pero se puede lograr. Considera a Susana Wesley, quien crio a diez hijos en el siglo XVIII en Inglaterra. Susana programaba una hora a la semana para estar a solas con cada uno. Sus tres hijos, Samuel, Juan y Carlos Wesley, se convirtieron en poetas, escritores y predicadores; Carlos escribió miles de himnos, muchos de los cuales siguen siendo clásicos en la iglesia cristiana. Además de ayudar a sus hijos a aprender el alfabeto, la escritura y las matemáticas, les enseñó cortesía y buenos modales, valores morales y una vida frugal.

En una época en que las mujeres tenían pocas oportunidades de usar sus dones, Susana preparó a sus hijas con una educación completa. La sabia madre le dijo una vez a su hija Emilia: «La sociedad no ofrece ninguna oportunidad para la inteligencia de sus mujeres»[1]. Emilia, más tarde, se convirtió en maestra. Si bien no necesariamente defendemos todas sus ideas sobre la crianza de los hijos, podemos admirar la forma en que Susana estableció sus prioridades y, luego, las llevó a cabo. La clave del tiempo de calidad se encuentra en los valores y las prioridades que, como padres, se decide apreciar e implementar en el hogar.

### Contacto visual positivo

El tiempo de calidad debe incluir un contacto visual amoroso. Mirar con atención a los ojos de tu hijo es una forma poderosa de transmitirle amor desde tu corazón al corazón de tu hijo. Los estudios han demostrado que la mayoría de los padres usan el contacto visual de maneras sobre todo negativas, ya sea mientras reprenden a un niño o les dan instrucciones muy explícitas.

Si le das miradas amorosas solo cuando te complace tu hijo, caes en la trampa del amor condicional. Eso puede dañar el desarrollo personal de tu hijo. Deseas dar suficiente amor incondicional para mantener lleno el tanque emocional de tu hijo, y una forma clave de hacerlo es mediante el uso adecuado del contacto visual.

A veces los miembros de la familia se niegan a mirarse entre sí como un medio de castigo. Esto es destructivo tanto para adultos como para niños. Los niños interpretan especialmente la retirada del contacto visual como desaprobación, y esto erosiona aún más su autoestima. No permitas que tu demostración de amor hacia un niño esté bajo el control de si el niño te complace en ese momento.

## LA EXPRESIÓN DE PENSAMIENTOS Y SENTIMIENTOS

El tiempo de calidad no solo significa hacer cosas juntos, sino que es un medio para conocer mejor a tu hijo. Al pasar tiempo con tus hijos, descubrirás que un resultado natural a menudo es una buena conversación sobre todo lo relacionado con sus vidas. A Phil Briggs, profesor de educación durante mucho tiempo en un seminario de California, le encantan los beneficios de jugar al golf con su hijo. «Mi hijo no era muy hablador hasta que empezamos a jugar juntos al golf con regularidad». El padre y el hijo de los Briggs, a menudo hablan sobre su juego (el *swing* y otros matices del golf) mientras recorren las calles, pero pronto se ponen a discutir respecto a otros aspectos de la vida. Cuando un padre le muestra a un niño cómo arrojar una pelota de fútbol o preparar pasta, a menudo crea un ambiente en el que el padre y el niño pueden hablar sobre asuntos más importantes.

## Conversaciones de calidad

Esto es cuando un padre puede revelar algo de su propia historia, tal vez decirle a su hijo sobre su relación de noviazgo con la madre del niño, y discutir cuestiones morales y espirituales. Este tipo de conversación «real» le comunica en profundidad al niño a nivel emocional. Le dice: «Mi padre confía en mí. Él se interesa. Mi padre me ve como una persona importante y me ama». Una madre puede mencionar sus propios temores sobre su apariencia durante su crecimiento, y ayuda a su hija a comprar su primer par de lentes o un vestido especial para la fiesta de graduación. La conversación las acerca y ayuda a la hija a entender que su valor no se basa en la apariencia.

Los niños nunca superan la necesidad de una conversación de calidad con los padres y otros adultos. Tal intercambio de pensamientos y sentimientos es el tejido de la vida. Aprender la manera de comunicarse en este nivel les servirá de mucho en sus propias relaciones futuras, incluido el matrimonio. Les enseñará a entablar amistades y a relacionarse con los compañeros de trabajo. Les mostrará cómo procesar sus propios pensamientos, y a comunicarse de una forma positiva y afectuosa que respete las ideas de los demás. Les proporcionará un ejemplo de cómo estar en desacuerdo sin ser desagradable.

Debido a que tus hijos aprenderán más de lo que quizá se den cuenta al hablar contigo, es crucial que pases tiempo conversando de manera sana con ellos, sin importar su edad. Si limitas tu conversación a la corrección, es posible que tus hijos nunca aprendan el valor de la atención positiva y enfocada. La atención negativa por sí sola no puede satisfacer su necesidad de amor.

Con los niños más pequeños, uno de los momentos más eficaces para iniciar una conversación es a la hora de acostarse, cuando están atentos en especial. Esto tal vez se deba a que hay menos distracciones en ese momento o a que los niños quieren retrasar la hora de dormir. Cualquiera que sea la razón, están escuchando bien y esto hace que la conversación significativa sea mucho más fácil.

### *«Léeme una historia»*

A todos los niños les encantan las historias. Leerles es una excelente manera de comenzar su ritual de irse a la cama... y hacerlo un ritual, ya que esto ayudará a mantener abiertas las comunicaciones cuando sean adolescentes. Durante una historia, o después, puedes hacer una pausa para que el niño identifique sus sentimientos sobre los eventos o personajes, y luego hablar al respecto. Al leerle una historia sobre alguien que experimenta decepción, por ejemplo, puedes hablar con tu hijo sobre los sentimientos de decepción que ha tenido, junto con la tristeza, la ira o lo que sea apropiado.

Recomendamos de manera encarecida estos tiempos de conversación. Lo triste es que muchos jóvenes hoy en día no entienden cómo lidiar con sus sentimientos, la ira en especial. Muchos años de charlas afectuosas y cercanas a la hora de acostarse, que incluyen un intercambio de sentimientos suave y relajado, pueden ayudar a prevenir algunos de los problemas más profundos de la vida en el futuro.

Los rituales a la hora de dormir que son afectuosos, cercanos, suaves y relajados, solo parecen lo opuesto del mundo ocupado en el que viven muchos padres. No seas una víctima de lo urgente. A la larga, mucho de lo que parece tan apremiante en ese momento ni siquiera importará. Lo que hagas con tus hijos será importante para siempre.

## LA PLANIFICACIÓN DEL TIEMPO DE CALIDAD

Durante los primeros ocho años de la vida de un niño, puedes adoptar un horario bastante sensato, ya que la vida del niño se centra ante todo en el hogar. En cambio, a medida que tu hijo crece y se involucra más en actividades fuera del hogar, necesitas dedicarle más tiempo y esfuerzo a la preparación del tiempo de calidad familiar. De lo contrario, no sucederá. Aquí tienes varias ideas.

Primero, las comidas son actividades naturales alrededor de las cuales planear. A lo largo de los años, una hora de cena familiar regular puede ser una de las experiencias más vinculantes que tendrás. Todos oímos hablar de familias que solo preparan una olla de comida y dejan que todos coman cuando lleguen a casa. Para quienes conocen la cordialidad y la fuerza de una cena regular juntos, año tras año, esto parece caótico. Los padres son los únicos que pueden establecer el horario de la familia, y decidir cuándo ciertos eventos, si es que los hubiera, interrumpirán ese horario. Algunas familias pueden desayunar juntas. Incluso, es posible que puedas reunirte con un niño para el almuerzo una vez al mes.

Segundo, considera los viajes nocturnos. Bruno y su hijo, Jeffrey, pernoctan una vez cada tres meses. Por lo general, viajan a solo una hora de su casa y acampan en su tienda por un día y medio de tiempo ininterrumpido juntos. Allyson sale a caminar dos noches a la semana con su hija de doce años, Brittany. En esas noches, su esposo y su hijo lavan los platos y tienen un tiempo de padre e hijo.

Tercero, solo estar en el automóvil mientras mamá o papá hacen recados o conducen hacia un juego de fútbol puede resultar en una conversación de calidad. Hay algo sobre sentarse en un automóvil que parece despertar el deseo de hablar y escuchar. Los padres deben estar alertas para esos momentos en los que los niños parecen que necesitan hablar.

Estas son solo algunas ideas. Recuerda, la planificación de sus tiempos juntos no tiene por qué reprimir la espontaneidad. Siempre puedes cambiar tus planes si lo deseas, pero sin hacer planes, puede que descubras que tienes poco tiempo de calidad con tus hijos. Programas a otras personas en tus calendarios, ¿por qué no hacerlo con tus hijos? Apreciarán el hecho de que valoras tanto tu tiempo con ellos que estás dispuesto a decirles no a otras actividades. Y un subproducto de la planificación es que les enseñas a tus hijos cómo programar su propio tiempo.

Uno de los momentos más difíciles en el día de una familia puede ser cuando todos regresan del trabajo y la escuela, hambrientos y cansados. Por lo tanto, planificar tiempos juntos también significa prepararse. Si llegas a casa después de un día de trabajo bajo presión, debes liberar el estrés del día, despejar tu mente de las cosas en el trabajo y luego centrarte en tu hogar. Algunas personas hacen esto al poner su música favorita en el camino a casa. Algunos amigos que conocemos detienen el automóvil cerca de la casa y se toman unos minutos para orar. Descubre lo que te ayudará a sentirte relajado y optimista, de modo que tengas la energía que necesitas para dársela a tu hijo.

Si no puedes prepararte antes de llegar a tu hogar, tú y tu cónyuge pueden programar un horario para que te diviertas antes de comenzar a interactuar con tus hijos. Es posible que solo necesites ponerte ropa cómoda, abrir una Coca-Cola y pasear por el patio antes de instalarte con la familia. Mientras más renovado estés, más podrás darle a tu familia.

## CUANDO EL LENGUAJE PRIMARIO DEL AMOR DE TU HIJO ES TIEMPO DE CALIDAD

Si el tiempo de calidad es el lenguaje primario del amor de tu hijo, puedes estar seguro de esto: sin un suministro suficiente de tiempo de calidad y atención centrada, tu hijo se atormentará con la idea de que sus padres no lo aman de veras.

Gérard era un bombero que trabajaba cuarenta y ocho horas, y veinticuatro horas libres. Durante sus «días», se quedaba en la estación de bomberos; cuando estaba fuera, él y un compañero bombero a menudo pintaban casas para ganar dinero extra. Mientras tanto, su esposa, Maggie, trabajaba de noche como enfermera y dormía por el día. Cuando ambos trabajaban las noches, a sus hijos Jonatán, de ocho años, y Vicky, de seis, los acompañaba su abuela.

Gérard y Maggie comenzaron a preocuparse por Jonatán, quien con el tiempo parecía distante. Más tarde, Maggie le dijo a una amiga: «Cuando tratamos de hablar con él, parece muy retraído. Sin embargo, cuando era más pequeño, hablaba todo el tiempo.

»Antes de que comenzara la escuela y yo todavía estaba en casa todo el tiempo, él y yo íbamos al parque casi todas las tardes. Ahora él es tan diferente que hace que me pregunte si algo anda mal. Gérard no lo nota tanto como yo, porque no ha pasado tanto tiempo con Jonatán, pero puedo ver una gran diferencia».

La amiga de Maggie, Rosa, acababa de leer *Los 5 lenguajes del amor* y recordaba el capítulo sobre cómo los lenguajes del amor se relacionan con los niños. Entonces, Rosa le dio un ejemplar a Maggie y sugirió que podría ayudarla con Jonatán. Dos semanas más tarde, Maggie le dijo a su amiga: «Leí el libro y creo que conozco el lenguaje primario del amor de Jonatán. Al volver la vista atrás y recordar cuánto disfrutaba nuestros momentos juntos, y lo hablador y emocionado que estaba, me di cuenta de que todo eso cambió cuando comenzó la escuela y empecé a trabajar, creo que en los últimos dos años quizá haya estado más o menos hambriento de amor. He estado satisfaciendo sus necesidades físicas, pero no he estado satisfaciendo muy bien sus necesidades emocionales».

Las dos mujeres hablaron sobre cómo Maggie podía trabajar con Jonatán en su horario. Debido a que su tiempo flexible era por las tardes y temprano por las noches, había estado usando ese tiempo para las tareas domésticas, ir de compras, algunas salidas de noche con las chicas y otras con Gérard. También supervisaba los deberes escolares de Jonatán. Maggie decidió que, si lo intentaba, podría apartar una hora dos veces a la semana para pasar un tiempo concentrado en Jonatán.

Tres semanas después, Maggie le dijo a su amiga: «Está dando resultado. Jonatán y yo hemos tenido nuestra hora dos veces a la semana desde la última vez que hablamos, y estoy viendo un cambio real en su respuesta hacia mí. Decidimos llevar a nuestro perro al parque una tarde a la semana y salir a comprar tacos en la otra. Jonatán está empezando a hablar más, y puedo decir que está respondiendo emocionalmente al tiempo que pasamos juntos.

»Por cierto, le pedí a Gérard que leyera el libro», agregó Maggie. «Creo que tenemos que aprender a hablarnos el lenguaje del amor. Sé que él no está hablando el mío, y no creo que yo esté hablando el suyo tampoco. Además, Gérard podría ver la importancia de pasar más tiempo con Jonatán».

## LO QUE DICEN LOS NIÑOS

He aquí cómo cuatro niños revelan con claridad que su lenguaje primario del amor es el tiempo de calidad.

Bethany, de ocho años, tiene un brillo en los ojos la mayor parte del tiempo. «Sé que mis padres me aman porque hacen cosas conmigo. A veces todos hacemos cosas juntos, incluso con mi hermano pequeño, pero los dos hacen cosas solo conmigo». Cuando se le preguntó qué tipo de cosas, respondió: «Mi papá me llevó a pescar la semana pasada. No sé si me gusta pescar, pero me gusta estar con papá. Mamá y yo fuimos al zoológico el día después de mi cumpleaños. Mi lugar favorito fue la casa de los monos. Vimos a uno comerse un plátano. Fue divertido».

Jared tiene doce años. «Sé que mi papá me ama porque pasa tiempo conmigo. Juntos, hacemos muchas cosas. Tiene billetes de temporada para los partidos de fútbol de *Wake Forest*, y nunca nos perdemos un juego. Sé que mi madre también me ama, pero no pasamos mucho tiempo juntos, pues a menudo no se siente bien».

Brandon, de diez años, dijo: «Mi madre me ama. Viene a mis partidos de fútbol y salimos a comer después. No sé si mi papá me ama. Dijo que sí, pero nos dejó. Yo nunca lo veo».

Helen, de dieciséis años, dijo: «¿Cómo sé que mis padres me aman? Sobre todo porque siempre están a mi disposición. Puedo discutir cualquier cosa con ellos. Sé que comprenderán y tratarán de ayudarme a tomar buenas decisiones. Voy a extrañarlos cuando me vaya para la universidad en un par de años, pero sé que todavía puedo contar con ellos».

Para esos niños que anhelan pasar tiempo con sus padres, y para todos los demás, el regalo de la atención concentrada de un padre es un elemento esencial que les garantiza sentirse amados. Cuando pasas tiempo con tus hijos, estás creando recuerdos que durarán toda la vida. Tu deseo es que tus hijos sean bendecidos por los recuerdos que llevan de los años que pasan en tu hogar. Tendrán recuerdos saludables y edificantes cuando sus tanques emocionales se mantengan llenos. Como padres, pueden brindar recuerdos saludables y alentadores, y ayudar a asegurar el equilibrio, la estabilidad y la felicidad de sus hijos por el resto de sus vidas.

## SI EL LENGUAJE DEL AMOR DE TU NIÑO ES
# TIEMPO DE CALIDAD:

*Aquí tienes algunas ideas más, en especial para los padres. Elige con cuidado entre las mismas, a fin de probar algo nuevo que creas que apreciará tu niño.*

- En lugar de esperar a que termines todas tus tareas antes de pasar tiempo con tus hijos, inclúyelos en tus actividades diarias, como lavar la ropa, ir de compras o trabajar en el jardín. Aunque puede que te demores más, el estar juntos compensará la inconveniencia.

- Haz un alto en lo que estás haciendo, a fin de hacer contacto visual con tu hijo, mientras te dice algo importante.

- Preparen juntos un bocadillo saludable, como un plato de fruta troceada.

- Encuentra cosas tontas por las cuales reír, y reír mucho por estas.

- Dales a los niños mayores cámaras de un solo uso para registrar ocasiones significativas.

- Cambia tu programa de televisión para ver el programa favorito de tus hijos con ellos.

- Ve a la juguetería y juega con juguetes divertidos sin intención de comprar algo.

- Haz preguntas muy específicas sobre el día de tu hijo que no tengan una respuesta de sí o no.

- Cuando lleves a tus hijos más pequeños a un parque o campo de juego, pasa el tiempo jugando con ellos en lugar de mirar desde el banco del parque. Empujar a tu hija en el columpio o montar en el tobogán con tu hijo crea recuerdos para toda la vida y comunica amor.

- En lugar de tiempo de pantalla, concéntrate en las artes como cantar juntos o pintar con los dedos.

- Programa un «horario» específico con cada uno de tus hijos por separado. Ponlo en tu calendario y no permitas que otras prioridades ocupen su lugar.

- Sorprende a tu hijo con billetes, o un viaje, a un lugar especial. Un viaje de campamento, un partido de béisbol de grandes ligas o un día en la ciudad pueden crear recuerdos para toda la vida. Agrega imágenes del evento para fortalecer aún más esta sorpresa.

- Si es posible, lleva a tu hijo a tu centro de trabajo un día. Preséntales a tu hijo a tus compañeros de trabajo, y lleva a tu hijo a almorzar contigo.

- Reserva un lugar especial en la casa donde vayan a jugar. Un vestidor puede servir como un «castillo», mientras que un lugar en el garaje puede servir como «taller».

- Involucra a los niños mayores en la planificación de las vacaciones, investigando juntos en el internet.

- Tengan juntos una acampada, incluso si solo se trata de una tienda de campaña en el patio. Incluye linternas y alimentos especiales para el campamento, a fin de completar el evento.

- De vez en cuando, tengan paseos familiares o paseos en bicicleta juntos. Busca oportunidades para pasar tiempo juntos que también incluyan ejercicio.

- Compartan más comidas en familia. Haz de la hora de la cena una ocasión especial con muchas conversaciones sobre el día. La oración familiar también puede fortalecer este tiempo.

- Dedica unos minutos adicionales para acostar a tu hijo por la noche. Los cuentos para dormir, hablar sobre el día u orar juntos por la noche pueden ser parte de tu rutina diaria.

- Para los niños mayores, pasen tiempo haciendo «tareas» juntos, ellos con sus tareas escolares y tú con cualquier proyecto de trabajo. Diles en qué estás trabajando.

- Planten juntos algo. Para quienes tienen niños orientados al aire libre, pasar tiempo en un jardín de flores, plantar verduras de verano o practicar el paisajismo en el jardín pueden crear recuerdos positivos para toda la vida.

- Confeccionen juntos álbumes de fotos en tu computadora. Hablen sobre los recuerdos que crearon en el proceso.

- En un día lluvioso, siéntense en la misma habitación y lean en silencio, cada uno con su propio libro o revista.

REGALOS

# 5

## CUARTO LENGUAJE DEL AMOR:

# *Regalos*

---

Cuando le preguntamos a Raquel, de diez años, por qué estaba tan segura de que sus padres la amaban, dijo: «Vengan a mi habitación y se los mostraré». Una vez en su habitación, señaló un gran oso de peluche. «Me trajeron esto de California». Y luego, tocando un payaso de peluche mullido, dijo: «Me compraron esto cuando comencé el primer grado. Y este mono tonto fue de su viaje a Hawái por su aniversario». Continuó por la habitación, señalando más de una docena de regalos que recibió de sus padres en los últimos años. Todos estaban en un lugar especial, mostrando el amor de sus padres.

Dar y recibir regalos puede ser una poderosa expresión de amor, en el momento en que se entregan y, a menudo, se extiende a años posteriores. Los regalos más significativos se convierten en símbolos de amor, y los que de veras transmiten amor son parte de un lenguaje del amor. Sin embargo, para que los padres hablen en realidad el cuarto lenguaje del amor, regalos, el niño debe sentir que les importa de veras a sus padres. Por esta razón, los demás lenguajes del amor deben darse junto con un regalo. El tanque de amor emocional del niño debe mantenerse lleno para que el regalo exprese amor sincero. Esto significa que los padres utilizarán una combinación de toque físico, palabras de afirmación, tiempo de calidad y servicio, a fin de mantenerle lleno el tanque del amor.

Julia contó cómo los lenguajes del amor la ayudaban a entender mejor a sus dos hijas: Mallory, de seis, y Meredith, de ocho. «Mi esposo y yo a menudo hacemos viajes de negocios y las niñas se quedan con su abuela. Mientras estamos fuera, compro algo para las chicas. Meredith siempre está mucho más entusiasmada con los regalos que Mallory, hablando de ellos tan pronto como llegamos a casa. Salta de emoción cuando sacamos los regalos y escuchamos exclamaciones de "oh" y "ah" mientras abre su regalo. Luego, encuentra un rincón especial en su habitación y quiere que veamos dónde lo puso. Cuando vienen sus amigas, siempre les muestra su último regalo».

En cambio, mientras que Mallory es educada y aprecia los regalos de sus padres, se emociona más al aprender sobre el viaje. Mallory «viene a nosotros para escuchar cada detalle de nuestro viaje», informó Julia. «Habla con nosotros por separado y luego juntos, y parece beber todo lo que le decimos. Meredith, por otro lado, hace pocas preguntas sobre dónde estuvimos y qué vimos».

Cuando alguien le preguntó a Julia qué iba a hacer con lo que percibió, dijo: «Bueno, voy a seguir comprando regalos para las chicas, porque quiero. Sin embargo, ahora no me siento mal cuando Mallory no se emociona tanto como Meredith. Solía molestarme porque creía que Mallory no estaba agradecida. Ahora entiendo que nuestra conversación significa para Mallory lo que el regalo significa para Meredith. Tanto mi esposo como yo estamos haciendo un mayor esfuerzo para darle a Mallory más tiempo de calidad después de un viaje y todo el resto del año también. Además, queremos enseñarle a Mallory el lenguaje de los regalos, así como esperamos enseñarle a Meredith a hablar el lenguaje del tiempo de calidad».

## LA GRACIA DE DAR

Dar y recibir regalos como una forma de expresar amor es un fenómeno universal. La palabra en castellano *regalo* viene de la palabra griega *caris*, que significa «gracia o regalo inmerecido». La idea detrás de esto es que si el regalo se merece, es un pago. Un verdadero regalo no es el pago por los servicios prestados; más bien, es una expresión de amor para la persona y el dador lo otorga libremente. En nuestra sociedad, no todas las donaciones son tan sinceras. Sobre todo en el mundo de los negocios, gran parte de esto es la retribución por hacer negocios con cierta compañía o un soborno con la esperanza de que alguien haga negocios en el futuro. El artículo no solo se entrega para el beneficio de quien lo recibe, sino que es más una forma de agradecerle por hacer una contribución financiera o una solicitud de una contribución adicional.

La misma distinción debe hacerse en la donación de los padres a los hijos. Cuando un padre ofrece un regalo si el niño limpia su habitación, este no es un verdadero regalo, sino un pago por los servicios prestados. Cuando un padre le promete un helado a un niño si ve televisión durante la siguiente media hora, el helado no es un regalo, sino un soborno diseñado para manipular el comportamiento del niño. Si bien es posible que el niño no conozca las palabras *cohecho* o *soborno*, entiende el concepto.

A veces, los padres que tienen toda la intención de ofrecer un verdadero regalo pueden enviar mensajes confusos si ignoran la profunda necesidad emocional de amor del niño. Es más, un niño que no se siente amado de veras puede malinterpretar con facilidad un regalo, creyendo que se lo dan de manera condicional. Una madre, bajo gran estrés y en desacuerdo con su hijo, le regaló una nueva pelota de béisbol. Más tarde, la encontró en el baño.

«Jason, ¿qué hace tu pelota aquí? ¿No te gusta?».

«Lo siento», fue la única respuesta de Jason.

Al día siguiente, encontró la pelota en el cubo de basura. Una vez más habló con Jason, y él solo agachó la cabeza y dijo: «Lo siento».

Más tarde, la mamá aprendió a concentrarse en mantener lleno el tanque emocional de Jason, en especial a la hora de acostarse. Pronto comenzó a notar un cambio. En unas semanas, le regaló un bate de béisbol, y esta vez la abrazó y dijo con una sonrisa: «¡Gracias, mamá!».

Jason es el típico de los niños obedientes que tienen tanques emocionales vacíos. Estos niños rara vez muestran su dolor y sus necesidades abiertamente, pero manifiestan sus sentimientos de manera indirecta. Eliminar o ignorar los regalos es un ejemplo clásico de este tipo de niño que necesita el tanque lleno.

## SACA EL MAYOR PROVECHO DE DAR

La gracia de dar tiene poco que ver con el tamaño y el costo del regalo. Tiene todo que ver con el amor. Tal vez recuerdes a un abuelo que te dijo que recibirías una naranja, más una prenda de vestir necesaria, en una dura Navidad durante la Depresión. Hoy en día, los padres no siempre pensamos en las necesidades como regalos, sino como artículos que debemos proveerles a nuestros hijos. Con todo y eso, a menudo les damos estos artículos con corazones cariñosos para el beneficio sincero de nuestros hijos. Celebremos tales regalos. Si no presentamos los regalos como expresiones de amor, los niños quizá aprendan a recibirlos como «lo que se espera» y no reconocer el amor detrás de los regalos.

Aquí tienes una sugerencia para ayudar a que un regalo común se convierta en una expresión de amor. Tómate el tiempo para envolver la nueva ropa escolar y luego presentarla cuando la familia esté reunida alrededor de la mesa. Desenvolver un regalo proporciona un estímulo emocional para un niño, y tú puedes demostrar que cada regalo, ya sea una necesidad o un lujo, es una expresión de tu amor. Tal celebración de todo tipo de regalos también les enseñará a tus niños cómo responderles a los demás que les dan regalos. Cuando les das con gracia, quieres que respondan con gracia, sin importar que el regalo sea grande o pequeño.

Una advertencia al comprar los juguetes de tus hijos como regalos: en el departamento de juguetes, necesitas verdadera sabiduría. El gran volumen de artículos disponibles significa que debes ser muy selectivo. Este volumen se ve agravado por anuncios televisivos que exhiben los últimos juguetes ante los ojos de los niños, creando así deseos que no existían sesenta segundos antes y que pueden desaparecer al día siguiente. No obstante, mientras tanto, muchos niños están seguros de que deben tener el juguete que acaban de ver en la pantalla.

No permitas que los anunciantes determinen lo que compras para tus hijos. Examina los juguetes con detenimiento, formulándote preguntas como: «¿Qué mensaje le comunica este juguete a mi hijo? ¿Es un mensaje con el que me siento cómodo? ¿Qué podría aprender mi hijo jugando con este juguete? ¿Su efecto general será positivo o negativo? ¿Qué tan durable es el juguete? ¿Cuál es su vida útil? ¿Tiene un atractivo limitado, o mi hijo le prestará atención una y otra vez? ¿Es un juguete que nos podemos permitir?». Nunca compres un juguete innecesario si no puedes pagarlo.

No todos los juguetes deben ser educativos, pero todos deben tener un propósito positivo en la vida de tus hijos. Ten cuidado con la compra de juguetes computarizados de alta tecnología que pueden exponer a tus hijos a sistemas de valores muy alejados de los de tu familia. Tendrán suficiente de esto en la televisión, los vecinos y amigos en la escuela.

## CUANDO DAR ES ABUSO

Sé cuidadoso. A menudo es tentador darles regalos a los niños como sustitutos de los otros lenguajes del amor. Por muchas razones, los padres a veces recurren a los regalos en lugar de estar presentes de veras con sus hijos. Para algunos que crecieron en familias poco saludables, un regalo parece más fácil de dar que la participación emocional. Otros quizá no tengan el tiempo, la paciencia ni el conocimiento para saber cómo darles a sus hijos lo que necesitan de verdad. En realidad, aman a sus hijos, pero parecen desconocer cómo proporcionarles la seguridad emocional y el sentido de autoestima que necesitan.

El abuso de dar regalos puede ocurrir cuando un niño vive con un padre con custodia después de una separación o divorcio. El padre que no tiene la custodia a menudo tiene la tentación de darle regalos a un niño, quizá por el dolor de la separación o los sentimientos de culpa por dejar a la familia. Cuando estos regalos son excesivamente caros, mal elegidos y se usan como una comparación con lo que puede proporcionar el padre que tiene la custodia, lo cierto es que son una forma de soborno, un intento de comprar el amor del niño. También pueden ser una forma inconsciente de vengarse del padre que tiene la custodia.

Los niños que reciben tales regalos poco recomendables, a la larga pueden verlos tal como son, pero mientras tanto aprenden que al menos uno de los padres considera que los regalos son un sustituto del amor genuino. Esto puede hacer que los niños sean materialistas y manipuladores, a medida que aprenden a manejar los sentimientos y el comportamiento de las personas mediante el uso indebido de los regalos. Este tipo de sustitución puede tener consecuencias trágicas para el carácter y la integridad de los niños.

Pensamos en Daniela, que está criando a tres hijos sola. Hacía tres años que Daniela estaba divorciada de Charles, que ahora vive con su segunda esposa en un lujoso estilo de vida. Daniela y los niños salían adelante en lo económico, y los niños ansiaban visitar a su papá. Lisa, Charley y Annie, de quince, doce y diez años, veían a su padre dos fines de semana al mes. En estas visitas los llevaba a paseos costosos como esquiar y montar en barco. No es de extrañar que quisieran visitarlo, ahí estaba la diversión, y cada vez se quejaban más de estar aburridos en casa. A menudo volvían con regalos costosos, y mostraban una creciente ira hacia Daniela, en especial durante los pocos días posteriores a una visita con su padre. Charles estaba volviendo sus sentimientos contra su madre, mientras trataba de ganarse el afecto por sí mismo. No se daba cuenta de que a medida que los niños se hicieran mayores, llegarían a despreciarlo por manipularlos.

Por fortuna, Daniela pudo persuadir a Charles de que recibiera consejería con ella y buscara maneras saludables de atender a sus hijos. En un principio, esto significaba dejar de lado las diferencias del pasado y la ira, a fin de que pudieran trabajar juntos para satisfacer las necesidades emocionales de sus hijos. Durante la consejería, ambos se convirtieron en expertos en el llenado del tanque de amor. Cuando Charles usó los cinco lenguajes del amor para relacionarse con sus hijos, y aprendió a usar los regalos como un lenguaje del amor en lugar de un dispositivo de manipulación, los niños respondieron de forma maravillosa.

Otros padres (y abuelos) pueden optar por colmar a sus hijos con tantos regalos que sus habitaciones parecen tiendas de juguetes desorganizados. Con tal exceso, los regalos pierden su especialidad; el niño tiene más juguetes de los que quizá pueda apreciar. Al final, ninguno de los regalos tiene significado alguno, y el niño queda muerto en lo emocional para recibir regalos. Los juguetes le parecen una carga, porque sus padres esperan que los guarde en alguna apariencia de orden.

Dar demasiados regalos es como llevar a un niño al departamento de juguetes y decir: «Todo esto te pertenece». El niño puede sentirse emocionado al principio, pero después de un tiempo corre en todas las direcciones y juega sin nada.

> **Los juguetes apropiados deberían ayudar al niño a aprender cómo enfocar su atención con el disfrute.**

Los juguetes apropiados deberían ayudar al niño a aprender cómo enfocar su atención con el disfrute. Para que esto suceda, los padres y abuelos tal vez necesiten dar menos en lugar de más, escogiendo con cuidado los regalos que serán significativos en vez de impresionantes.

## PAUTAS PARA DAR

Cuando le des a tus hijos, debes tener en cuenta algunas pautas. Los regalos deben ser expresiones genuinas de amor. Si se trata de pagos por servicios prestados, o sobornos, no debes llamarlos regalos, sino que debes reconocerlos por lo que son. De esta manera, los verdaderos regalos seleccionados para el beneficio de tus hijos, y como una expresión de amor, se pueden disfrutar tal como son en realidad.

Excepto en la Navidad y los cumpleaños, tanto tú como tus hijos deben elegir muchos regalos. Esto es cierto en particular a medida que tus hijos crecen y tienen más opiniones sobre su ropa, sus zapatos, mochilas, etc. Tus hijos también tienen deseos acerca de sus juguetes innecesarios, y aunque no les puedes dar todo lo que quieren, desearás considerar sus preferencias. Esto implica discernir si el deseo es momentáneo o duradero, saludable o no saludable, y si el juguete tendrá un efecto positivo o negativo. Siempre que puedas, es aconsejable seleccionar un regalo que un niño quiera de veras.

Además, recuerda que no todos los regalos provienen de una tienda. Puedes encontrar un regalo especial al recorrer un camino serpenteante o incluso a través de un estacionamiento. Las flores silvestres, las piedras poco comunes, incluso la madera flotante, pueden calificar como regalos cuando se envuelven o se presentan de una manera creativa. Los regalos también se pueden hacer con artículos del hogar. Los niños pequeños no tienen ningún concepto del dinero, y si un regalo se confecciona o se compra, tiene poca importancia. Si el regalo estimula su creatividad, puede ser significativo y puede unirte de manera más estrecha a tus hijos en amor.

## EL ANILLO DE AMY

Antes dijimos que algunos niños que no responden con gran entusiasmo cuando reciben un regalo, quizá lo valoren mucho más con el paso del tiempo. Ted lo descubrió años después que su hija rechazó su regalo. Mientras viajaba al extranjero, Ted compró un anillo para su hija de doce años, Amy, y se lo dio cuando regresó a casa. Mostró poco interés en eso y lo guardó en un cajón de la cómoda.

Ted estaba decepcionado, pero al final se olvidó del anillo. En su adolescencia, Amy les dio a sus padres una gran cantidad de dolores de cabeza con su comportamiento adolescente, hasta el punto de que Ted se desesperó por su futuro. Incluso, cuando Amy recuperó de manera extraordinaria sus actitudes y comportamiento, su padre todavía no estaba convencido de que ella estaba bien. Cuestionaba su sinceridad y esto hizo que fuera muy difícil para cualquiera de los dos avanzar hacia la estrecha relación que ansiaban.

Entonces, un día, Ted se dio cuenta de que Amy llevaba puesto el anillo que le regaló hacía tanto tiempo, antes de que comenzaran sus problemas. Las lágrimas asomaron a sus ojos cuando se dio cuenta de lo que su hija trataba de decirle: que tenía el control de sí misma y que ahora podía confiar en ella.

Cuando Ted le preguntó a Amy si esto era a lo que se refería, reconoció que eso era todo lo que quería: que confiara en ella mientras se desarrollaba y cambiaba. Los dos lloraron juntos. Amy continúa portándose bien.

Esta historia muestra cuán simbólicamente importante puede ser un regalo. Es probable que Amy nunca hubiera tenido los profundos problemas que experimentó si sus padres afectuosos hubieran podido mantener lleno su tanque emocional. Sus necesidades emocionales tenían que satisfacerse antes de que tuviera la capacidad de recibir o apreciar un regalo en el mismo espíritu con el que se le dio.

## CUANDO EL LENGUAJE PRIMARIO DEL AMOR DE TU HIJO ES RECIBIR REGALOS

La mayoría de los niños responden de forma positiva a los regalos, pero para algunos, recibir regalos es su lenguaje primario del amor. Quizá te inclines a pensar que esto es así para todos los niños, a juzgar por la forma en que piden cosas. Es cierto que todos los niños, y los adultos, quieren tener cada vez más. Sin embargo, esos cuyo lenguaje del amor es recibir regalos, responderán de manera diferente cuando reciban su regalo.

Los niños cuyo lenguaje primario del amor es recibir regalos, siempre harán mucho para recibir el regalo. Querrán que el presente se envuelva o al menos se entregue de una manera única y creativa. Esto es parte de la expresión de amor. Mirarán el papel, quizá hablen acerca del lazo. Con frecuencia escucharán los «oh» y «ah» cuando abran el regalo. Les parecerá una gran cosa, y lo es. Se sienten muy especiales a medida que abren el presente, y quieren toda tu atención mientras lo hacen. Recuerda, para ellos, esta es la voz más fuerte del amor. Ven el regalo como una extensión de ti y de tu amor, y quieren disfrutar ese momento contigo. Una vez que abren el regalo, lo abrazarán o te lo agradecerán de manera efusiva.

Estos niños también harán un lugar especial en su habitación para el nuevo regalo, de modo que puedan exhibirlo con orgullo. Lo compartirán con sus amigos, y se lo mostrarán una y otra vez en los próximos días. Dirán cuánto les gusta. El regalo tiene un lugar especial en sus corazones, puesto que en sí, es una expresión de tu amor. Ver el obsequio les recuerda que son amados. No les importa si el regalo se confeccionó, encontró o compró; si era algo que habían deseado o no. Lo que importa es que pensaste en ellos.

## LO QUE DICEN LOS NIÑOS

Los comentarios de los siguientes niños revelan que, para ellos, recibir regalos es el lenguaje que mejor comunica el amor.

Marcos, de cinco años, hablaba con su abuela después de su segundo día en el jardín de infantes. «Mi maestra me ama, Nana. Mira lo que me dio». Levantó una regla de color azul brillante con grandes números impresos, la evidencia del amor de su maestra.

Elizabeth, de seis años, nos preguntó: «¿Alguna vez has visto al hombre amoroso? Está justo allí», dijo, señalando a un señor mayor. «Él les da chicles a todos los niños». Para Elizabeth, era el hombre amoroso porque daba regalos.

A Inés, de quince años, le preguntaron cómo sabía que sus padres la amaban. Sin dudarlo, señaló sus pantalones vaqueros, la blusa y los zapatos. Luego dijo: «Me dieron todo lo que tengo. En mi mente, eso es amor. No solo me han dado lo esencial, sino mucho más de lo que necesito. En realidad, comparto cosas con mis amigas cuyos padres no pueden comprarlas».

Josué, de dieciocho años, se marchaba a la universidad en unas semanas. Cuando le preguntamos qué tan fuertemente se sentía amado por sus padres, en una escala de cero a diez, de inmediato dijo: «Diez». ¿Por qué diez? «¿Ven este auto?», preguntó, señalando un Honda rojo. «Mis padres me lo dieron. A la verdad, no me lo merecía porque no hice todo lo posible en el instituto, pero me dijeron que querían que supiera que estaban orgullosos de mí. Este auto fue una expresión de su amor. Todo lo que tengo que hacer es ser responsable de cambiarle el aceite y hacerle otro mantenimiento.

»Mis padres siempre han sido así. Me han dado todo lo que he necesitado: mis equipos deportivos en el instituto, mi ropa, todo. Son las personas más generosas que conozco. He intentado no aprovecharme de su generosidad, pero estoy seguro de que me aman. Ahora que me voy para la universidad, sé que los voy a extrañar».

Para un niño así, los regalos son más que objetos materiales. Son expresiones tangibles de amor que hablan de manera profunda. Por eso es que les resulta traumático en especial si los regalos se destruyen o extravían. Además, si el padre que dio el regalo lo cambia o daña, o en un ataque de ira dice: «Lamento haberte dado eso», el niño puede sentirse devastado emocionalmente.

Recuerda, tus hijos quizá ahora no se den cuenta de cuánto estás dando, incluso mientras continúas llenando sus tanques emocionales. En cambio, a medida que crecen, pueden mirar hacia atrás y darse cuenta de que tu amor y presencia ha sido el mejor regalo de todos.

## SI EL LENGUAJE DEL AMOR DE TU NIÑO ES
# TIEMPO DE CALIDAD:

*Aquí tienes algunas ideas más, en especial para los padres. Elige con cuidado entre las mismas, a fin de probar algo nuevo que creas que apreciará tu niño.*

• Mantén una pequeña colección de regalos de bajo costo para tus hijos. Luego, entrégaselos uno a uno cuando sientas que hay una necesidad.

• Selecciona los regalos que se ajusten a los intereses de tu hijo.

• Lleva meriendas o dulces pequeños que puedas dar como «regalo» cuando estés lejos de casa.

• Haz una comida que sabes que le gusta a tu hijo, vayan a un restaurante especial o prepara su postre favorito.

• Comienza una colección de cajas de regalo únicas y papeles de regalo que se pueden usar para empacar incluso los regalos más simples.

• Cuando estés lejos de casa, envíale un pequeño paquete a tu hijo con su nombre.

• Entrégale cupones hechos personalmente para tu hijo, buenos para algunas de sus cosas favoritas, como una cena de espaguetis gratuitos, media hora extra antes de acostarse o un pequeño regalo la próxima vez que vayan de compras.

• Ten una «bolsa de regalos» con regalos pequeños y económicos que tu hijo pueda elegir como recompensa por hacer algo positivo.

• Haz que las meriendas después de la escuela sean memorables sirviéndolas en un plato especial o haciendo una «cara» con uvas y zanahorias pequeñas.

- Está atento a los regalos personalizados que lleven el nombre de tu hijo. Guárdalos para un día lluvioso o difícil como una sorpresa alentadora.

- Regálales a tus hijos una «canción», ya sea una que inventes o una canción especial que selecciones que te recuerde a ellos.

- Crea una búsqueda del tesoro para un regalo que incluya un mapa y pistas en el camino hacia la sorpresa principal.

- Esconde un pequeño regalo en la lonchera de tu hijo.

- Si estás lejos de tus hijos unos días, deja un pequeño paquete para cada día con un regalo especial y recuérdales cuánto los amas.

- En lugar de gastar dinero en un regalo grande para un cumpleaños, organiza una fiesta de cumpleaños en un lugar especial para el evento.

- Considera un regalo que dure, como un árbol que puedan plantar juntos o un juego de computadora que puedan jugar en el futuro.

- Compra o hazle a tu hijo un anillo o una cadena especial para que use y que solo venga de ti.

- Para los niños pequeños, busca «regalos de la naturaleza», como flores silvestres o piedras interesantes, envueltas en papel o dentro de una caja especial.

- Para un cumpleaños o Navidad, compra con tu hijo un regalo especial, pidiéndole su opinión. Esta participación personal hará que el regalo sea más significativo.

- Ten un cuadro y algunas pegatinas divertidas para mantener un registro de los logros. Recompensa a tu hijo con un regalo después que se gane una cantidad determinada de pegatinas.

- Confecciona un «cajón secreto» donde tu hijo pueda guardar sus pequeños «tesoros», cualquier cosa, desde una pluma de ave hasta un paquete de chicles.

ACTOS DE SERVICIO

# 6

## QUINTO LENGUAJE DEL AMOR:

# *Actos de servicio*

---

Jacob acaba de comenzar su primer trabajo a tiempo completo y está pensando en casarse el próximo verano. También recuerda su infancia: «Creo que lo que me hizo sentir más amado fue la forma en que mis padres trabajaron tanto para ayudarme con todo. Recuerdo que se levantaban temprano los sábados para llevarme a mis juegos, o se quedaban despiertos hasta tarde ayudándome con un proyecto de la escuela».

El joven de veinticuatro años sigue recordando. «Las pequeñas cosas, y las grandes cosas, hicieron mucho para ayudarme, a pesar de que ambos estaban ocupados. Ahora, me doy más cuenta de lo que hacían entonces, pero incluso en ese momento, sabía que trabajaban duro para ayudarme, y siempre lo aprecié. Espero que pueda hacer lo mismo por mis hijos algún día».

Algunas personas hablan de los actos de servicio como su lenguaje primario del amor. Incluso, si tu hijo no lo sabe, entiende esto: la crianza de los hijos es una vocación orientada al servicio. El día que descubriste que tendrías un hijo, te inscribiste para el servicio a tiempo completo. Tu contrato requería un mínimo de dieciocho años de servicio con el entendimiento de que estarías en la «reserva activa» durante varios años después de eso.

Como padre que debe servir, es probable que descubrieras otra verdad sobre este lenguaje del amor: Los actos de servicio son exigentes de manera física y emocional. Por lo tanto, los padres debemos prestarle atención a nuestra propia salud física y emocional. Para la salud física, necesitamos patrones equilibrados para dormir, comer y hacer ejercicio. Para la salud emocional, el entendimiento de uno mismo y una relación matrimonial de apoyo mutuo son cruciales.

Al considerar los actos de servicio, debemos preguntarnos: «¿A quién sirvo?». No solo es a tus hijos. Si estás casado, sirves a tu cónyuge haciendo cosas que le agraden, a fin de expresarle tu amor. Deseas mantener lleno el tanque de amor de tu pareja con tus actos de servicio. Debido a que los niños necesitan una madre y un padre que les brinden un modelo equilibrado de por vida, tener tiempo para tu relación matrimonial es una parte esencial de una buena crianza. Si eres padre soltero, es incluso más importante mantenerte saludable de manera física y emocional (para obtener algunas ideas, consulta «Cómo hablar los lenguajes del amor en familias monoparentales» en la página 177).

## ¿QUÉ ES LO MEJOR?

Como padres, servimos a nuestros hijos, pero nuestra principal motivación no es complacerlos. Nuestro objetivo principal es hacer lo mejor. Es probable que lo que más complacería a tus hijos en este momento no sea la mejor manera de expresar tu amor. Pon tres barras de caramelo en el almuerzo de tu hijo y se animará, pero no le darás lo mejor. Al servirles a tus hijos, el motivo principal, hacer lo mejor, significa que estás tratando de llenar sus tanques de amor. Y para suplir esa necesidad de amor, debes usar tus actos de servicio junto con los otros lenguajes del amor.

Una advertencia mientras exploramos el último lenguaje del amor: No veas los actos de servicio como una forma de manipular a tus hijos. Esto es fácil de hacer, porque cuando son pequeños, los niños desean regalos y servicios más que cualquier otra cosa. Entonces, si los padres cedemos a los deseos o incluso a la demanda de demasiados regalos y servicios, nuestros hijos pueden seguir siendo infantilmente egocéntricos y egoístas. Sin embargo, esta advertencia no debe evitar que los padres usen el lenguaje del servicio y los regalos de manera apropiada.

Los actos de servicio pueden convertirse en un modelo para el servicio y la responsabilidad de tu hijo. Quizá te preguntes cómo tus hijos desarrollarán su propia independencia y competencia si los sirves. No obstante, a medida que les expresas tu amor a tus hijos con actos de servicio, haciendo cosas que tal vez aún no puedan hacer por sí solos, estás estableciendo un modelo. Esto los ayudará a escapar de su enfoque egocéntrico y ayudar a otros. Ese es nuestro objetivo final como padres (consulta la sección «El supremo propósito del servicio» en la página 98).

> **Servimos a nuestros hijos; pero a medida que están listos, les enseñamos a servirse a sí mismos y después a los demás.**

## QUÉ DEBE HACER UN NIÑO Y CUÁNDO DEBE HACERLO

Los niños con tanques de amor llenos son mucho más propensos a captar ese amoroso modelo de servicio que los niños que no están seguros del amor de sus padres. Tales actos de servicio deben ser apropiados para la edad. Deberías hacer por tus hijos lo que no pueden hacer por sí mismos. Es obvio que todavía no les das la comida cuando tienen seis años. Hacerles las camas a los niños de cuatro años es un acto de servicio, pero los niños de ocho años son capaces de hacerlo por su cuenta. Los niños no tienen que esperar hasta llegar a la universidad para aprender a utilizar una lavadora y una secadora. ¡Las universidades no ofrecen cursos sobre esto! Los padres que están demasiado ocupados para enseñarles a los niños a lavar la ropa, o que son demasiado perfeccionistas para dejar que lo hagan, no aman a esos niños, sino que los paralizan.

Por lo tanto, los actos de servicio tienen un paso intermedio. Servimos a nuestros hijos; pero a medida que están listos, les enseñamos a servirse a sí mismos y después a los demás. Por supuesto, ese no siempre es un proceso conveniente ni rápido. Lleva más tiempo enseñarle a un niño a preparar la comida que prepararla tú mismo. Si tu único objetivo es tener la comida en la mesa, también podrías preparar todas las comidas. En cambio, si tu objetivo es amar a tus hijos, velar por sus mejores intereses, desearás enseñarles a cocinar. Así que antes y durante ese tiempo, el mejor motivador para tus hijos es ver tus genuinos actos de amor por la familia mientras la sirves a través de muchos años.

Recuerda también que algunos actos de servicio que realizarás para tus hijos provienen de habilidades muy desarrolladas que tienes y que tal vez ellos nunca adquieran. Todos tenemos diferentes aptitudes, y dentro de una familia podemos servirnos unos a otros con nuestras habilidades únicas. Como padres, debemos tener cuidado de no obligar a los niños a ser réplicas de nosotros o, lo que es peor, cumplir los sueños que nunca hemos logrado para nosotros mismos. Por el contrario, queremos ayudarlos a desarrollar sus propias habilidades, seguir sus propios intereses y llegar a ser lo mejor que puedan al utilizar sus dones dados por Dios.

## UN DISPARO DIRECTO

Algunos padres, deseando que sus hijos desarrollen sus habilidades e independencia, se inclinan demasiado en la dirección de dejar que sus hijos resuelvan las cosas por su cuenta. Willy y Kathy, de Colorado, eran así. Incorporaron un espíritu pionero de fuerte independencia y confianza propia, y quisieron criar a sus dos hijos para que fueran de la misma manera. Del oeste hasta la médula, parecían como si hubieran salido de una diligencia.

Después que Willy y Kathy asistieron a mi seminario para matrimonios (de Gary) y escucharon acerca de los cinco lenguajes del amor, llegaron a la conclusión de que el servicio no podía ser uno de los lenguajes del amor.

—No creo que los padres deban hacer cosas por los niños que puedan hacer por sí mismos —me dijo Willy—. ¿Cómo vas a enseñarles a ser independientes si sigues haciendo cosas por ellos? Deben aprender a enlazar su propio buey.

—¿Los niños cocinan sus comidas? —pregunté.

—Ese es mi trabajo. En cambio, hacen todo lo demás —dijo Kathy.

—Cocinan cuando salen de excursión y lo hacen muy bien —agregó Willy.

Era obvio que estos dos estaban orgullosos de sus hijos.

—Al escuchar los lenguajes del amor, ¿tienen alguna idea de cuáles podrían ser los lenguajes primarios del amor de sus hijos?

—No sé —dijo Willy.

—¿Crees que tus hijos se sientan amados de veras?

—Supongo que sí. Deberían sentirse amados.

—¿Tienes el valor para preguntárselo? —indagué con cautela.

—¿Qué quiere decir?

—Quiero decir que te quedes a solas con cada uno y le digas: "Hijo, quiero hacerte una pregunta que nunca te hice, pero es importante que yo sepa. ¿Sientes que te amo? Dispara directo. En realidad, quiero saber cómo te sientes".

Willy guardó silencio durante un largo rato.

—Eso será difícil. No sé si es necesario.

—No es necesario —respondí—, pero nunca conocerás su lenguaje del amor si no se lo preguntas.

Willy se fue a casa con mis palabras resonando en su cabeza: «Nunca sabrás si no se lo preguntas». Entonces, comenzó con su hijo menor, Buck, detrás del establo cuando estaban a solas. Hizo la pregunta que le sugerí y Buck se la respondió.

—Claro, papá, sé que me amas. Pasas tiempo conmigo. Cuando vas a la ciudad, siempre me llevas. En el camino, te aseguras de que conversemos un poco. Siempre pensé que era muy especial pasar tanto tiempo contigo, a pesar de lo ocupado que estás.

Cuando Willy se atragantó, Buck preguntó:

—¿Te pasa algo? No vas a morir o algo así, ¿verdad?

—Qué va, no voy a morir. Solo quería asegurarme de que sabes que te amo.

Esta fue una experiencia tan emotiva que le tomó a Willy una semana reunir valor para hablar con Jake, de diecisiete años. Una noche, cuando estuvieron solos después de la cena, se volvió hacia su hijo y le dijo:

—Jake, quiero hacerte una pregunta que nunca te he hecho antes, pero es importante para mí saberlo. Puede ser difícil para ti, pero quiero que dispares directo, porque de veras necesito saber cómo te sientes. ¿Crees de veras que te amo?

Después de un largo silencio, Jake dijo:

—No sé cómo decir esto exactamente, papá. Supongo que sé que me amas, pero a veces no lo siento. A veces creo que no me amas en absoluto.

—¿Cuándo es eso, hijo?

—Cuando te necesito y no me ayudas. Como la vez en que comenzó el fuego y te mandé a decir con Buck que necesitaba tu ayuda. Cuando regresó, me dijo que le respondiste que sabías que podía hacerlo yo solo. Buck y yo logramos apagarlo, pero me preguntaba por qué no viniste. Me repetía que era porque intentabas independizarme, pero seguía sintiendo que no me amabas.

»Esa vez, cuando tenía diez años y pasaba un mal momento con las matemáticas, te pedí ayuda —continuó Jake—. Me dijiste que podía hacerlo yo solo, porque era inteligente. Entendía que tú sabías cómo hacerlo, y podrías haberme ayudado si solo me lo explicabas. Me sentí defraudado. O esa vez en que la carreta se atascó y te pedí que me ayudaras a sacarla. Dijiste que yo la atasqué y que podría encontrar la manera de sacarla. Sabía que podía sacarla, pero quería que me ayudaras.

»Esas son las veces en que sentí que no te importaba. Como dije, sé que me amas, pero no siempre siento que sea así.

Fue suficiente para hacer llorar a un vaquero.

—Jake, lo siento —dijo Willy—. Solo que no sabía cómo te sentías. Debería haberte preguntado antes. Quería que fueras independiente y autosuficiente, y lo eres. Estoy orgulloso de ti, pero quiero que sepas que te amo. La próxima vez que necesites mi ayuda, estaré allí para ti. Espero que me des otra oportunidad.

Los dos hombres se abrazaron en la tranquila cocina. Willy tuvo su oportunidad unos siete meses más tarde cuando un vagón estaba atascado en el arroyo. Los chicos trabajaron más de dos horas y no pudieron destrabarlo. Al final, Jake mandó a buscar a su padre con Buck. Este no podía creer la respuesta de su padre cuando de inmediato ensilló su caballo y cabalgó con Buck hasta el arroyo. Una vez que salió el vagón, Buck pensó que era extraño que su padre abrazara a Jake y luego le dijera: «Gracias, hombre. Lo aprecio». La sanidad que comenzó en la cocina se consumó en el arroyo. Un duro ranchero aprendió una tierna lección.

## ¿SERVICIO AMOROSO O TRABAJO DE POR VIDA?

Debido a que el servicio a un niño es constante durante tantos años y tiene lugar en muchas otras obligaciones, los padres pueden olvidar que los actos cotidianos y mundanos que realizan sean expresiones de amor con efectos a largo plazo. A veces, hasta se pueden sentir más como trabajadores no remunerados que como sirvientes amorosos, de quienes abusan su cónyuge, hijos y otras personas. No obstante, si asumen esta actitud, esto afectará en lo emocional al niño, quien sentirá que recibe poco amor mediante los actos de servicio.

El servicio amoroso no es trabajo, como temen algunos. Por lo general, el trabajo se impone desde el exterior y se hace con renuencia. El servicio amoroso es un deseo motivado de manera interna a fin de darles energía a los demás. El servicio amoroso es un regalo, no una necesidad, y se realiza libremente, no bajo coacción. Cuando los padres sirven a sus hijos con un espíritu de resentimiento y amargura, se pueden satisfacer las necesidades físicas de un niño, pero su desarrollo emocional se verá entorpecido en gran medida.

Debido a que el servicio es tan cotidiano, incluso los mejores padres deben detenerse de vez en cuando para una evaluación de actitud, a fin de asegurarse que sus actos de servicio comunican amor.

## EL SUPREMO PROPÓSITO DEL SERVICIO

El objetivo final de los actos de servicio a los niños es ayudarlos a emerger como adultos maduros que sean capaces de darles amor a los demás a través de actos de servicio. Esto no solo incluye ayudar a los seres queridos, sino también servir a las personas que de ninguna manera pueden devolverles ni pagar las bondades. A medida que los niños viven con el ejemplo de los padres que sirven a la familia y a quienes están más allá de las paredes de su hogar, también aprenderán a servir. La Biblia sugiere que el servicio sacrificial es una forma de agradar a Dios. Mientras cenaba en la casa de un prominente líder religioso, Jesús le dijo a su anfitrión:

> **Es difícil que los niños se sientan bien al expresar su agradecimiento cuando se les ordena que lo hagan.**

*Cuando des una comida o una cena, no invites a tus amigos, ni a tus hermanos, ni a tus parientes, ni a tus vecinos ricos; no sea que ellos, a su vez, te inviten y así seas recompensado. Más bien, cuando des un banquete, invita a los pobres, a los inválidos, a los cojos y a los ciegos. Entonces serás dichoso, pues aunque ellos no tienen con qué recompensarte, serás recompensado en la resurrección de los justos[1].*

¡Qué palabras tan poderosas! Esto es lo que queremos para nuestros hijos: ser capaces de realizar actos de servicio con compasión y amor genuino. Sin embargo, nuestros hijos son inmaduros. Son egocéntricos por naturaleza y no se puede esperar que sirvan a los demás con motivación desinteresada. Quieren que se les recompense por su buen comportamiento. Les toma mucho tiempo poder dar amor a través de actos de servicio desinteresados. ¿Cómo avanzamos hacia este objetivo final? Primero, nos aseguramos de que nuestros hijos se sientan genuinamente amados y cuidados. Mantenemos sus tanques emocionales llenos. Además, somos modelos a seguir para ellos. Con nuestro ejemplo, experimentan primero los actos amorosos de servicio. A medida que crecen y son capaces de mostrar aprecio, podemos pasar poco a poco de los mandamientos a las peticiones. Las peticiones no son demandas. Es difícil que los niños se sientan bien al expresar su agradecimiento cuando se les ordena que lo hagan. Se trata de la diferencia entre «Dile gracias a tu padre» o «¿Le darías gracias a tu padre?». Hacer peticiones es más tranquilizador, previene la ira, y nos ayuda a ser positivos y agradables.

A medida que los niños maduran, se dan cuenta cada vez más de lo que se hace por ellos y también están al tanto de lo que se hizo en el pasado. Por supuesto, no recuerdan a nadie cambiándoles el pañal ni dándoles de comer. Aun así, ven a otros padres que cuidan a sus bebés de esta manera y saben que disfrutaron de los mismos actos de servicio. Con la seguridad de ser genuinamente amados, son capaces de apreciar cuándo se preparan y sirven los alimentos. Se volverán más conscientes de las historias y el papel de la familia, de padres que les enseñan a montar en bicicleta, les ayudan con los deberes escolares, les cuidan cuando están enfermos, les reconfortan sus sentimientos cuando están heridos, les llevan a lugares especiales, y les compran golosinas y regalos.

A la larga, estos niños notarán que sus padres hacen cosas por los demás. Aprenderán cómo servir a una persona enferma o darles dinero a los menos afortunados. Querrán participar en proyectos de trabajo que ayuden a otras personas, en especial esas aventuras que los sacan de su rutina familiar. No tienen que viajar lejos para encontrar a los menos afortunados. En la mayoría de las ciudades de cualquier tamaño, hay personas necesitadas. Tu familia, ya sea sola o con una comunidad o grupo eclesiástico, puede tomar un día o una semana para ofrecer sus servicios a una misión, un campamento para niños desfavorecidos, una despensa de alimentos, un comedor de beneficencia, una misión o un asilo de ancianos. Cuando los padres y sus hijos trabajan juntos en dichos actos de servicio, la actividad se convierte en una poderosa lección sobre el gozo de ayudar a los demás.

Y, por supuesto, existen oportunidades de servicio más exóticas en el extranjero a través del trabajo o de organizaciones privadas. Un año, me ofrecí (Ross) como médico en una agencia misionera cristiana, *Wycliffe Bible Translators*, en Bolivia. Toda la familia Campbell fue y ayudó. Recuerdo que en nuestra clínica traté a un niño indio de tres años con una pierna fracturada. Durante seis semanas estuvo en tracción e incapaz de moverse. Muchos niños misioneros realizaron actos de servicio para el niño. Me emocioné mucho en Navidad, cuando nuestra Carey, que entonces tenía ocho años, le regaló a la hermana del niño su regalo de Navidad más preciado, una muñeca nueva.

## LA ENSEÑANZA MEDIANTE EL EJEMPLO

El corazón del servicio social y misionero es el deseo de ayudar a otros con actos de servicio. Sin embargo, los padres pueden desviarse del camino y evitar que sus hijos se entreguen de forma desinteresada. Debemos ser cuidadosos en nuestros actos de servicio para nunca mostrar amor condicional. Cuando los padres se entregan a sus hijos solo cuando están satisfechos con su comportamiento, tales actos de servicio son condicionales. Nuestros niños observadores aprenderán que una persona debería ayudar a otros solo si hay algo para ellos.

Una actitud predominante en nuestra sociedad es: «¿Qué hay para mí?». Con todo, eso es justo lo opuesto al lenguaje del amor de los actos de servicio (y contrario al corazón del servicio social y misionero cristiano). Tú puedes ser uno de los niños criados con esta mentalidad egocéntrica. Ahora quieres que tus propios hijos se conviertan en personas íntegras. Deseas que sean amables y generosos con los demás, en especial con los menos afortunados, sin esperar nada a cambio. Y quizá te preguntes si eso es posible en nuestra sociedad.

De seguro que es posible, pero depende mucho de ti. Tus hijos necesitan ver en ti los rasgos que deseas que desarrollen. Necesitan experimentar tus actos de servicio hacia ellos y participar en el cuidado de otras personas. Puedes enseñarles con el ejemplo al mostrar preocupación por los demás.

## «PROYECTOS PARA HACER EL BIEN»

Una de las mejores formas de hacer esto es hospedando a otras personas en tu hogar. La hospitalidad familiar es un gran tesoro, ya que en este acto de servicio, las personas se conocen de veras y entablan amistades fuertes. Al abrirles tu hogar a los demás, tus hijos aprenden esta forma significativa de expresarles amor a los amigos y familiares.

En la familia Chapman, teníamos una casa abierta todos los viernes para los estudiantes universitarios cuando nuestros hijos eran pequeños. Los estudiantes provenían de escuelas cercanas, incluida la universidad *Wake Forest*, y acogíamos con entre veinte y sesenta estudiantes. Nuestro formato era sencillo. De ocho a diez de la noche teníamos una discusión sobre un problema relacional, moral o social, extraído de un pasaje de la Biblia. Luego, venía un refrigerio seguido de conversaciones informales. A la medianoche los despedíamos.

Nuestros hijos, Shelley y Derek, entraban y salían de las reuniones. No era inusual encontrar a uno de los dos durmiendo en el regazo de una estudiante junto a la chimenea o conversando con alguien. Los estudiantes eran nuestra familia extendida, y los niños esperaban las noches de los viernes.

A menudo, los sábados por la mañana, algunos de los estudiantes regresaban por lo que llamamos «proyectos para hacer el bien». Nos subíamos a la furgoneta y los distribuíamos por la comunidad para rastrillar hojas para ancianos o limpiar cunetas u otros trabajos que se necesitaban. Shelley y Derek siempre colaboraban en estos proyectos de servicio. Y sí, insistían en tener sus propios rastrillos, aunque su mayor alegría era saltar en las hojas después que se rastrillaban.

Como adultos, Shelley y Derek recuerdan esta participación con los estudiantes como una parte significativa de su infancia. Shelley, que ahora es ginecóloga obstetra, reconoce que hablar con los estudiantes de la Escuela de Medicina *Bowman Grey* causó una gran impresión en la elección de su vocación. Tanto ella como Derek están muy orientados a las personas. Se sabe que Derek invitaba a gente de la calle a su apartamento durante el invierno (¿de veras le enseñamos esto?). Estamos convencidos de que compartir nuestro hogar con los demás e involucrar a la familia en los proyectos de servicio tuvo un efecto profundo y positivo en nuestros niños.

Haz que tu meta sea que tus hijos aprendan a sentirse cómodos sirviendo a los demás. Tus hijos no recogerán esto por accidente. Por el contrario, lo aprenderán mientras te observan sirviéndoles a ellos y a otras personas. También aprenderán mientras les das pequeños niveles de responsabilidad para ayudarte a servir. A medida que crecen, puedes aumentar lo que hacen.

## CUANDO EL LENGUAJE PRIMARIO DEL AMOR DE TU HIJO ES EL SERVICIO

Para la mayoría de los niños, los actos de servicio que son expresiones genuinas de amor se comunicarán de manera emocional. No obstante, si el servicio es el lenguaje primario del amor de tu hijo, tus actos de servicio se expresarán de forma más profunda de lo que amas a Juanito o Julia. Cuando ese niño te pide que le arregles una bicicleta o esa niña te pide que le remiendes el vestido de una muñeca, no solo desearán que hagas una tarea; tus niños claman por amor emocional. Eso es lo que Jake le pedía de veras a su padre, Willy.

Cuando los padres reconocemos y respondemos a estas peticiones, y les brindamos la ayuda con una actitud amorosa y positiva, el niño se irá con un tanque de amor lleno, como sucedió con Jake. En cambio, cuando los padres se niegan a responder a las necesidades, o lo hacen con palabras duras o críticas, el niño puede ir en una bicicleta reparada, pero lo hace con un espíritu desanimado.

Si el lenguaje primario del amor de tu hijo es el de los actos de servicio, esto no significa que debas saltar ante cada petición. Significa que debes ser sensible en extremo ante esas solicitudes y reconocer que tu respuesta ayudará a llenar el tanque del amor del niño o lo perforará. Cada petición requiere una respuesta considerada y amorosa.

## LO QUE DICEN LOS NIÑOS

Mira lo que dicen los siguientes niños sobre su lenguaje primario del amor.

Isabela, de siete años, ha tenido numerosos problemas de salud durante los últimos tres años. «Sé que mamá me ama porque cuando necesito ayuda con mis deberes, me ayuda. Cuando tengo que ir al médico, sale del trabajo y me lleva. Cuando estoy enferma de verdad, prepara mi sopa favorita».

Bradley, de doce años, vive con su madre y su hermano menor. Su padre se fue cuando Bradley tenía seis años. «Sé que mi madre me ama porque me cose los botones de la camisa cuando se caen y también me ayuda con mis deberes todas las noches. Trabaja duro en una oficina para que podamos tener comida y ropa. Creo que mi padre me ama, pero no hace mucho para ayudar».

Judith, de catorce años, asiste a una clase de educación especial en la escuela pública. Vive con su madre. «Sé que mamá me ama porque me ayuda a hacer mi cama y lavar mi ropa. Por la noche, me ayuda a hacer mis deberes escolares, en especial los de arte».

Melania, también de catorce años, es la mayor de cuatro hijos. «Sé que mis padres me quieren porque hacen muchas cosas por mí. Mamá hizo mi disfraz para el drama escolar; es más, hizo trajes para otras dos personas también. Eso hizo que me sintiera muy orgullosa de ella. Papá siempre me ha ayudado con mis deberes, y este año le ha dedicado tiempo a mi álgebra. No podía creer que pudiera recordar todo eso».

Para estos niños, los actos de servicio de sus padres surgieron como amor emocional. Los padres cuyos hijos hablan este lenguaje primario del amor aprenden que servir es amar. Sirve a tu hijo, y a los demás, y sabrán que los amas.

## SI EL LENGUAJE DEL AMOR DE TU NIÑO ES
# ACTOS DE SERVICIO:

*Aquí tienes algunas ideas más, en especial para los padres. Elige con cuidado entre las mismas, a fin de probar algo nuevo que creas que apreciará tu niño.*

- Ayuda a tu hijo a practicar para su equipo deportivo, como lanzar y atrapar en el béisbol o lanzar tiros libres para los niños que participan en el baloncesto.

- Siéntate y ayuda a tus hijos si tienen problemas con la computadora.

- En lugar de decirles a tus hijos más pequeños que se vayan a la cama, cárgalos, llévalos con cuidado y arrópalos debajo de sus mantas.

- Para niños en edad escolar, ayúdalos a seleccionar su ropa para el día cuando se estén despertando por la mañana.

- De vez en cuando, levántate media hora antes para prepararles un desayuno sorpresa especial a tus hijos.

- Comienza a enseñarle a tu hijo la importancia de servir a los demás a través de la participación regular en un grupo comunitario local o ministerio de la iglesia.

- Para los niños más pequeños, organiza los juguetes favoritos de tu hijo mientras toman una siesta o están en la escuela para que puedan jugar de inmediato con ellos (¡y contigo!).

- Cuando van a llegar tarde para una cita o reunión, ayuda a tus hijos a terminar en seguida lo que están haciendo para que puedan estar listos más rápido en lugar de solo decirles que se apresuren.

- Durante el tiempo en que tu hijo esté enfermo, ve más allá poniéndole su película favorita, leyéndole historias o comprándole un libro de una de sus series favoritas.

- Conecta a tu hijo con uno de sus amigos o familiares que puedan ayudarlo en un campo de interés, como la tecnología informática, el fútbol, el piano o la exploración.

- Elije un campo en el que determines que siempre sirves a tu hijo por encima, y más allá, de las expectativas normales. Los ejemplos podrían incluir garantizar que siempre haya malvaviscos en el chocolate caliente de tu hijo, asegurándote de que su oso de peluche favorito esté en su cama a la hora de acostarse, o de tener todos los suministros de pintura listos cuando vaya a pintar.

- Comienza una tradición de «cena de cumpleaños» en la que le prepares a tu hijo la comida que quiera en su cumpleaños.

- Haz una lista de varias de las cosas favoritas de tu hijo que hace contigo. Luego, realiza cada cierto tiempo una de sus favoritas cuando menos lo espere.

- Confecciona tarjetas de memoria para la próxima prueba o examen de tu hijo. Trabaja junto con tu hijo hasta que se sienta seguro con el material.

- Ayuda a tu hijo a arreglar su bicicleta o juguete favorito. Solo con dedicarle el tiempo para repararlo le comunica amor a un niño cuyo lenguaje del amor es actos de servicio.

# 7

# Descubre el lenguaje primario del amor de tu niño

Ya te presentamos cada uno de los cinco lenguajes del amor y escuchaste a los niños describir cómo cierto lenguaje del amor les habla de veras. Sin embargo, quizá te preguntes todavía: ¿Cuál es el lenguaje primario del amor de mi hijo? No estoy seguro de saberlo. Descubrir el lenguaje primario del amor de tu hijo puede llevar tiempo, pero hay pistas por todas partes. Este es nuestro capítulo de detectives, en el que te ayudamos a descubrir el lenguaje primario del amor de tu hijo.

No obstante, antes de comenzar a descubrir esas pistas, consideremos otra razón crucial por la que vale la pena investigar. Mencionamos que hablar el lenguaje primario del amor de tu hijo le ayuda a sentirse amado. Cuando tu hijo se sienta amado, cuando su tanque emocional esté lleno, será más receptivo a la orientación de los padres en todos los aspectos de su vida. Escuchará sin resentimiento. Aun así, hay una razón importante por igual para aprender el lenguaje del amor de tu hijo y para hablar los otros cuatro lenguajes también. A medida que hablamos el amor en los cinco lenguajes, a medida que nos especializamos en su lenguaje del amor, le mostramos cómo amar a otros y su propia necesidad de aprender a hablar los lenguajes del amor de los demás.

## EL CAMINO DE LA GENEROSIDAD

La capacidad de dar amor y educación en todos los lenguajes hará que tus hijos sean personas más equilibradas que pueden funcionar bien en la sociedad. Al hacer esto, pueden hablar los lenguajes del amor para satisfacer sus propias necesidades y ayudar a los demás.

Todos los niños son egoístas, por lo que a menudo desconocen la importancia de comunicarse de formas que no sean conocidas ni cómodas. Por ejemplo, un niño puede tener problemas para compartir y, por lo tanto, para dar regalos. Otro puede tender a ser solitario y le resulta difícil comprender la necesidad de las personas gregarias de tiempo de calidad. Un tercer niño puede estar tan orientado al comportamiento que tiene dificultades para comunicarse con palabras. Los niños muy tranquilos son a menudo de esta manera. Ayudar a un niño a ser más comunicativo, afirmativo y extravertido es una expresión significativa de amor por parte de los padres. Aprenderá el importante lenguaje de palabras de afirmación.

Cuando nosotros, como padres, aprendemos a hablar el lenguaje del amor de nuestros hijos, aunque difiera del nuestro, les mostramos el camino de la generosidad, la forma de servir a los demás. Los guiamos a una parte importante de convertirse en adultos y cuidar de los demás. Imagina, por ejemplo, si todos nuestros niños aprendieran a apreciar el quinto lenguaje del amor, actos de servicio. Las asociaciones comunitarias que piden voluntarios en las campañas de limpieza de la ciudad tendrían la mayoría de las calles cuidadas en el gran día; tendrían muchos voluntarios para el programa «bienvenido vecino». Las iglesias tendrían una lista de espera de personas que desean ayudar con el trabajo del comité y servir entre bastidores.

## TOMA TIEMPO

Sabiendo esto, debemos estar de acuerdo en que hablar los cinco lenguajes del amor con nuestros hijos es importante, y aprender el lenguaje primario de nuestros hijos es crucial. ¿Cómo aprendemos su lenguaje?

Toma tiempo. A un bebé, debes expresarle amor en los cinco lenguajes; así es que se desarrollará de manera emocional. Con todo y eso, incluso entonces puedes comenzar a ver pistas sobre el lenguaje preferido de tu hijo, si usas todos los lenguajes en abundancia. Por ejemplo, un niño quizá muestre poca respuesta a la voz de su madre, mientras que otro niño puede encontrar su voz increíblemente suave. Un bebé puede calmarse por la cercanía de otra persona, mientras que otro parece no darse cuenta.

A medida que tu hijo crece, comenzarás a ver que uno de los lenguajes del amor le habla de manera mucho más profunda de tu amor que los otros; además, cuando se usa de forma negativa, tu hijo se siente muy herido. Recuerda esas dos verdades sobre los cinco lenguajes del amor y serás más eficiente a la hora de expresar tu amor, y menos destructivo cuando te sientas enojado o frustrado con tu hijo.

Descubrir el lenguaje del amor de tu hijo es un proceso; lleva tiempo, en especial cuando tu hijo es pequeño. Los niños pequeños están empezando a aprender cómo recibir y expresar amor en varios lenguajes. Esto significa que experimentarán con acciones y respuestas que les satisfagan. Que participen en una respuesta particular durante un tiempo no significa que este sea su lenguaje primario del amor. En unos meses, pueden especializarse en otro.

### *Etapas del amor: La historia de Cami*

En la familia Campbell, nos intrigó ver a nuestra nieta, Cami, interactuar con las personas mayores en el hogar de ancianos cercano donde vivía su bisabuela. Incluso cuando tenía dos y tres años, a Cami le encantaba hacer dibujos para los residentes y darle uno a cada uno. También se aseguraba de que su bisabuela recibiera suficientes tarjetas y regalos por su cumpleaños y Navidad, a pesar de que su bisabuela tenía Alzheimer y no conocía de veras a Cami.

Hubiera sido fácil para nosotros suponer que el lenguaje primario del amor de Cami era actos de servicio. Sin embargo, eso habría sido un error, ya que ella era demasiado pequeña para que alguien tuviera una interpretación precisa sobre esto. Además, observamos su necesidad de atención por parte de sus padres, sobre todo en el toque físico, el contacto visual, las palabras de afecto y el tiempo de calidad.

Mientras Cami crecía, disfrutamos viendo sus maneras de mostrar y recibir amor, recordando que los niños pasan por períodos en los que su lenguaje primario del amor puede cambiar por un tiempo, en especial durante la adolescencia. Mencionamos esto porque queremos que recuerdes que un lenguaje del amor no está escrito en piedra. Si bien debes buscar el lenguaje primario de tu hijo, también debes tener en cuenta que los niños pasan por etapas del amor, como lo hacen en todo lo demás. Experimentan al alcanzarlos, tal como lo hacen en sus pasatiempos e intereses académicos. Puede parecer que prefieran un lenguaje para recibir amor y otro para darlo. Debes estar seguro de no «fijar» a un niño cuando puede que esté cambiando.

El valor supremo de descubrir el lenguaje primario del amor de tu hijo es lo que te proporciona los medios más eficaces para comunicar el amor emocional. Cuando percibas que tu hijo está desalentado y se siente distante, y deseas expresarle afecto emocional, sabrás cómo enfocar tu amor.

## ¡QUE NO TE ENGAÑEN!

A medida que comiences a buscar el lenguaje primario del amor de un niño, es mejor no discutir tu búsqueda con tus hijos, y sobre todo con los adolescentes. Por naturaleza, los niños son egocéntricos. Si ven que el concepto de los lenguajes del amor es importante para ti, pueden usarlo para manipularte y satisfacer sus deseos momentáneos. Los deseos que expresan pueden tener poco que ver con sus profundas necesidades emocionales.

Por ejemplo, si un niño te ha estado pidiendo un iPhone, puede ver la idea del lenguaje del amor como una forma de manipularte para que le compres el dispositivo. Todo lo que tiene que hacer es decirte que su lenguaje primario es el de los regalos y que, si de veras lo amas, comprarás el iPhone. Como un padre concienzudo que desea encontrar su lenguaje primario, es probable que compres el teléfono antes de que te des cuenta de que te engañaron. Recuerda, la crianza positiva de los hijos no significa darles todo lo que desean.

Puedes emplear los siguientes métodos para descubrir el lenguaje primario del amor de tu hijo.

**1. Observa** cómo tu hijo te expresa amor.

Préstale atención a tu hijo; bien puede estar hablando su propio lenguaje del amor. Esto es cierto en el caso de un niño pequeño, que es muy probable que exprese su amor en el lenguaje que más desea recibir. Si tiene entre cinco y ocho años de edad, con frecuencia te da palabras de aprecio como: «Mamá, eres bonita», «Papá, gracias por ayudarme con mi tarea», «Te quiero, mamá» o «Que tengas un buen día, papá», con toda razón puedes sospechar que su lenguaje primario del amor es el de palabras de afirmación.

Este método no es tan eficaz con chicos de quince años, en particular los que logran la manipulación. Quizá aprendieran por ensayo y error que si dicen palabras positivas, es más probable que cedas a uno de sus deseos, incluso si no estás muy convencido de que deberías hacerlo. Por esa razón, este primer método se usa mejor en los niños que tienen entre cinco y diez años de edad.

**2. Observa cómo tu hijo les expresa amor a los demás.**

Si tu niño de primer grado siempre quiere llevarle un regalo a su maestra, esto puede indicar que su lenguaje primario del amor es recibir regalos. Sin embargo, ten cuidado de no estar sugiriendo regalos para la maestra. Si lo haces, tu hijo solo sigue tu ejemplo y el regalo no es una expresión de amor, ni una pista de su lenguaje primario del amor.

A un niño cuyo lenguaje es el de regalos le da un enorme placer recibir regalos y quiere que otros disfruten de ese mismo placer. Da por sentado que sentirán lo mismo que él cuando recibe un regalo.

### 3. Escucha lo que pide tu hijo con mayor frecuencia.

Si tu hijo a menudo te pide que «mira lo que estoy haciendo», juegues afuera, o te sientes y le leas una historia, está pidiendo tiempo de calidad. Si sus peticiones parecen ajustarse a este patrón, te pide lo que más necesita emocionalmente, es decir, tu atención total. Por supuesto, todos los niños necesitan atención, pero para quienes reciben el amor de forma más profunda de esta manera, las peticiones de tiempo juntas superarán en gran medida a todas las demás.

Si tu hijo te pide a cada momento comentarios sobre su trabajo, quizá su lenguaje del amor sea el de palabras de afirmación. Preguntas como: «Mamá, ¿qué piensas del escrito que hice?», «¿Esta ropa se ve bien?» o «Papá, ¿cómo estuve en el juego?», son pedidos de palabras de afirmación. Una vez más, todos los niños necesitan y desean tales palabras y, a veces, las pedirán. En cambio, si las peticiones de tu hijo tienden a centrarse en este aspecto, esta es una fuerte indicación de que su lenguaje del amor es el de palabras de afirmación.

### 4. Fíjate en lo que más se queja tu hijo.

Este enfoque está relacionado con el tercero, pero en lugar de pedir directamente algo, esta vez tu hijo se queja de que no recibe algo de ti. Si se queja: «Siempre estás ocupado», «Siempre tienes que cuidar al bebé» o «Nunca vamos juntos a la tienda», es probable que esté revelando algo más que una simple frustración ante la llegada de un nuevo bebé. Está expresando que desde que llegó el bebé, siente menos amor de ti. En sus quejas, es evidente que pide tiempo de calidad.

Una queja ocasional sobre la falta de tiempo de calidad no indica el lenguaje primario del amor del niño. Por ejemplo: «Papá, trabajas demasiado», puede repetir lo que un niño le escuchó decir a la madre. O bien: «Me gustaría que nuestra familia tomara vacaciones como la familia de Ben», puede expresar el deseo de ser como Ben.

Todos los niños se quejan de vez en cuando. Muchas de estas quejas se relacionan con deseos inmediatos y no necesariamente son una indicación de un lenguaje del amor. En cambio, si las quejas caen dentro de un patrón, de modo que más de la mitad de las quejas se centran en un solo lenguaje del amor, son muy significativas. Su frecuencia es la clave.

### 5. Dale a tu hijo a elegir entre dos opciones.

Guía a tu hijo a elegir entre dos lenguajes del amor. Por ejemplo, un padre podría decirle a un niño de diez años: «Jaime, voy a salir temprano el jueves por la tarde. Podríamos ir juntos al gimnasio o podría ayudarte a elegir unos nuevos zapatos de baloncesto. ¿Cuál preferirías?». El niño tiene que elegir entre un tiempo de calidad y un regalo. Una madre podría decirle a su hija: «Tengo algún tiempo libre esta noche. Podríamos llevar a Daisy al parque para perros o podría ayudarte a estudiar para la prueba. ¿Qué preferirías?». Esta opción obvia es entre el tiempo de calidad y un acto de servicio.

Mientras das opciones durante varias semanas, mantén un registro de las elecciones de tu hijo. Si la mayoría tiende a agruparse en torno a uno de los cinco lenguajes del amor, es probable que descubrieras cuál le hace sentir más amado. En ocasiones, tu hijo no querrá ninguna opción y sugerirá otra cosa. También debes mantener un registro de esas peticiones, ya que pueden darte pistas.

Si tu hijo se pregunta qué estás haciendo al darle tales opciones con tanta frecuencia, y te pregunta qué está pasando, podrías decir: «He estado pensando en cómo invierto mi tiempo con la familia. Cuando tenemos tiempo para pasarlo juntos, pensé que sería bueno si supiera tus pensamientos y sentimientos sobre lo que hagamos en ese momento. Ha sido útil para mí. ¿Qué piensas?». Puedes ser tan filosófico o tan sencillo como desees. Sin embargo, lo que dices es verdad. Mientras procuras descubrir el lenguaje del amor de tu hijo, también le das un ejercicio de elección.

## EL USO DE OPCIONES PARA DESCUBRIR EL LENGUAJE DEL AMOR

*Elecciones a los seis*

Las elecciones que le ofreces a tu hijo dependen de su edad e interés. Los siguientes casos son solo ejemplos para estimular tu creatividad. Para uno de primer grado, puedes decirle:

«¿Te gustaría que te haga algunos bizcochitos (*actos de servicio*) o que tomemos una limonada en la terraza (*tiempo de calidad*)?».

«¿Preferirías luchar (*toque físico*) o leer juntos una historia (*tiempo de calidad*)?».

«Mientras estoy fuera de la ciudad por dos días, ¿preferirías que te trajera un presente (*regalos*) o que te enviara un correo electrónico especial (*palabras de afirmación*)?».

«¿Te gustaría participar en nuestro juego "Me gustas porque..." (*palabras de afirmación*) o te gustaría que coloque nuevos estantes en tu habitación (*actos de servicio*)?».

El juego: «Me gustas porque...» es uno en el que padres e hijos se turnan para completar la oración: «Me gustas porque...». Por ejemplo, el padre dice: «Me gustas porque tienes una hermosa sonrisa». Entonces, el niño puede decir: «Me gustas porque me lees historias». El padre dice: «Me gustas porque eres amable con tu hermana». Esta es una manera divertida de darle palabras de afirmación al niño y enseñarle a afirmar al padre. El juego también puede incorporar el abecedario para que el primer «Me gustas...»

comience con una A, como en: «Porque estás activo». La segunda comienza con una B, como en: «Porque eres bella».

## Elecciones a los diez

Si tu hijo tiene más o menos diez años, puedes hacer preguntas como:

«Para tu cumpleaños, ¿preferirías tener una bicicleta nueva (*regalos*) o un viaje conmigo a Washington, DC (*tiempo de calidad*)?».

«¿Preferirías que arreglara tu computadora esta tarde (*actos de servicio*) o que jugáramos juntos al baloncesto (*tiempo de calidad y toque físico*)?».

«Cuando veamos a la abuela este fin de semana, ¿preferirías que le dijera el excelente trabajo que hiciste en la escuela este trimestre (*palabras de afirmación*) o que te compre una sorpresa cuando estemos allí por hacerlo tan bien (*regalos*)?». Puedes elegir hacer ambas cosas.

«¿Prefieres que te mire practicar tu gimnasia (*tiempo de calidad*) o que te compremos un nuevo par de vaqueros (*regalos*)?».

## Elecciones a los quince

Para un quinceañero, las siguientes opciones podrían ser apropiadas:

Tú y tu hijo compraron un automóvil viejo que están tratando de tener en buenas condiciones para cuando cumpla dieciséis años. La opción es: «Este sábado, ¿te gustaría que trabajáramos juntos en el automóvil (*tiempo de calidad*) o prefieres que trabaje en él mientras pasas tiempo con tus amigos (*actos de servicio*)?».

«¿Preferirías que te compre una chaqueta el sábado por la tarde (*regalos*) o que los dos pasemos un tiempo en la cabaña mientras papá está ausente (*tiempo de calidad*)?».

«Ya que tú y yo somos los únicos en casa esta noche, ¿preferirías comer fuera (*tiempo de calidad*) o que te prepare tu pizza favorita (*actos de servicio*)?».

«Si te sintieras desanimado y quisiera alegrarte, ¿qué sería más útil para ti: si me sentara y te dijera cuánto te amo y aprecio, y luego mencionara algunos de tus rasgos positivos (*palabras de afirmación*) o si solo te diera un abrazo de oso y te dijera: "Estoy contigo, hombre" (*toque físico*)?».

Dar opciones será de ayuda solo si lo haces con la frecuencia suficiente para ver un patrón que muestra una clara preferencia en los lenguajes del amor. Es probable que necesites ofrecer de veinte a treinta opciones antes de que puedas ver que emerge un patrón claro. Las respuestas aisladas solo pueden indicar la preferencia del momento.

Si decides ser muy creativo al respecto, puedes elaborar treinta de las opciones de uno u otro, asegurándote de incluir un número igual de opciones para cada lenguaje del amor. Luego, preséntaselas a tu hijo como una especie de proyecto de investigación sobre las opciones. La mayoría de los adolescentes cooperará en tal esfuerzo, y los resultados pueden darte una clara interpretación del lenguaje del amor de tu hijo.

### Un experimento de quince semanas

Si ninguna de las sugerencias anteriores te da mucha pista sobre el lenguaje primario del amor de tu hijo, este puede darte resultado. Entonces, si comienzas, prepárate para continuar por el término completo: quince semanas.

Primero, elige uno de los cinco lenguajes del amor en el cual enfocarte durante dos semanas, mientras le expresas amor a tu hijo. Por ejemplo, si comienzas con tiempo de calidad, cada día tratarás de comunicar tu amor dándole a tu hijo por lo menos treinta minutos de tu atención total. Un día, llévalo a desayunar. Otro día, participa en un juego de palabras en la computadora o lean juntos un libro. Al dar esta cantidad de atención total, observa cómo responde tu hijo. Si al final de las dos semanas tu hijo pide libertad, sabes que debes buscar en otra parte. No obstante, si ves un nuevo brillo en sus ojos y obtienes comentarios positivos sobre cuánto disfruta del tiempo que pasan juntos, es posible que encontraras lo que buscabas.

Después de las dos semanas, tómate una semana libre, no retirándote por completo, sino dando alrededor de un tercio del tiempo que usaste con anterioridad. Esto permite que la relación se acerque más a lo que era antes. Luego, selecciona otro lenguaje del amor y concéntrate en él durante las próximas dos semanas. Por ejemplo, si eliges el toque físico, tocarás a tu hijo de manera significativa al menos cuatro veces al día. Entonces, antes de irse para la escuela, le das un abrazo y un beso. Cuando llega a casa, le das la bienvenida con otro abrazo rápido. Cuando se sienta a cenar, frótale la espalda por un minuto. Más tarde, cuando esté haciendo los deberes, dale palmaditas en el hombro. Repite este proceso todos los días, variando tus expresiones de toque físico, pero siempre dando toques significativos al menos cuatro veces al día.

Luego, observa su respuesta. Si al final de las dos semanas retrocede y dice: «Deja de tocarme», sabes que este no es su lenguaje primario del amor. En cambio, si te sigue la corriente, mostrándote que se siente bien, puede que vayas por buen camino.

La semana siguiente, retrocede un poco y observa la respuesta de tu hijo. Luego, elige otro lenguaje del amor y sigue la misma escena. Continúa observando el comportamiento de tu hijo a medida que avanza en las próximas semanas. Quizá comience a pedirte un lenguaje que hablaste antes. Si es así, te está dando una pista. O podría quejarse de que dejaste de hacer lo que hiciste hace dos semanas; esa es una pista también.

Si tu hijo te pregunta qué haces, puedes responder: «Quiero amarte de todas las maneras posibles, para que sepas cuánto me importas». No menciones el concepto de los lenguajes primarios del amor. Entonces, mientras te concentras en este experimento, ten en cuenta que tu hijo aún necesita el amor que se demuestra a través de todos los lenguajes del amor: palabras tranquilizantes, atención centrada, actos de amor, regalos apropiados y toque físico junto con un contacto visual amoroso.

### Si tienes adolescentes...

Si estás criando adolescentes, sabes que este trabajo es como ningún otro en el mundo. Debido a los cambios que están experimentando, el hecho de que tus adolescentes den y reciban amor también puede cambiar con sus estados de ánimo. Casi todos los adolescentes pasan por períodos que pueden describirse mejor como «etapas de gruñidos», porque lo único que se puede sacar de ellos es un par de palabras apagadas que suenan como gruñidos.

Mamá: «Hola, cariño, ¿cómo estás?».
Tim: «Estoy bien». (*Apenas audible*)
Mamá: «¿Qué estuviste haciendo esta mañana?».
Tim: «Nada». (*Apenas audible*)

Un adolescente en esta difícil etapa quizá no sea capaz de recibir ningún lenguaje del amor, excepto el toque físico, y solo entonces, si eres rápido al respecto. Por supuesto, estos adolescentes salen a buscar aire de vez en cuando, y durante sus tiempos más coherentes, querrás mostrarles todo el amor que puedas, sobre todo en su propio lenguaje primario.

A veces, los adolescentes dificultan que se les llenen su tanque de amor emocional. Te ponen a prueba para ver si los amas de veras. Pueden hacerlo actuando hosco sin ninguna razón obvia, haciéndote algo más difícil de lo que debería ser, o solo siendo pasivo-agresivos en su comportamiento. Tal conducta puede ser su manera inconsciente de preguntar: «¿Me amas de verdad?».

Estos comportamientos son siempre una prueba para los padres. Si logras mantener la calma, la serenidad y la amabilidad (firme, pero amable), pasas la prueba y, a la larga, tus hijos madurarán más allá de esa etapa difícil.

Cuando Dan tenía trece años, comenzó a probar a sus padres. Su padre, Jim, sintió algo de frustración al principio, pero luego se dio cuenta de que había dejado que el tanque de amor de Dan se secara. Sabiendo que el lenguaje primario del amor de Dan era el tiempo de calidad, decidió pasar todo un fin de semana con su hijo llenando ese tanque, todo un desafío, ya que los adolescentes tienen un gran tanque de amor. Después de su fin de semana juntos, Jim sintió que había logrado lo que se propuso, y resolvió que nunca más dejaría que el tanque de amor de Dan se quedara seco.

La tarde en que volvieron, Jim tenía una reunión importante, una que Dan conocía. Justo cuando Jim se iba, Dan llamó: «Papá, ¿tienes un minuto?». Aquí estaba la prueba. En realidad, Dan preguntaba: «Papá, ¿me amas de verdad?». Muchos padres quedan atrapados por esta prueba y se desesperan.

Por fortuna, Jim se dio cuenta de lo que sucedía y dio un tiempo para hablar con Dan. Le dijo: «Tengo que irme para mi reunión ahora mismo; vamos a conversar en cuanto regrese a casa, alrededor de las nueve y media».

Si Jim hubiera perdido la paciencia con Dan y hubiera dicho: «¡Acabo de pasar todo el fin de semana contigo! ¿Qué más necesitas?», podría haber perforado un agujero en el tanque de amor que acababa de llenar durante cuarenta y ocho horas.

### Llega a ser multilingüe

Cualquiera que sea el lenguaje del amor de tu hijo, recuerda que es importante hablar los cinco lenguajes. Es fácil cometer el error de utilizar un solo lenguaje del amor con exclusión de los demás. Esto es cierto sobre todo en el caso de los regalos, ya que parecen tomar menos tiempo y energía. Entonces, si caemos en la trampa de darles a nuestros hijos demasiados regalos, los privamos de tanques de amor saludables y llenos, y también podemos hacer que vean el mundo a través de ojos materialistas.

Además, aprender a hablar los cinco lenguajes del amor nos ayudará a proteger y cuidar a las personas a lo largo de nuestra vida, no solo a nuestros hijos, sino también a nuestros cónyuges, amigos y parientes. En este momento, nuestro énfasis está en hacerlo con nuestros hijos, pero sabemos que en unos pocos años se acercarán a toda clase de personas, muy diferentes a ellos en su mayoría.

Como padres, debemos recordar que aprender los lenguajes del amor es un proceso de maduración, y que madurar es un viaje lento, doloroso y muchas veces difícil. A medida que nos volvemos multilingües, también ayudaremos a nuestros niños a aprender cómo dar y recibir amor en todos los lenguajes. Debido a que somos fieles en el amor y en la provisión de ejemplos, podemos imaginar a nuestros hijos que, en su vida adulta, son capaces de expresarles el amor a los demás de muchas maneras. Cuando esto suceda, ¡serán adultos sobresalientes!

LOS **5** LENGUAJES
*DEL*
*amor*
DE LOS NIÑOS

# 8

# La disciplina y los lenguajes del amor

¿Cuál de las siguientes palabras es negativa: *amor, afecto, risa, disciplina*?

La respuesta es: ninguna. Al contrario de lo que mucha gente piensa, la disciplina no es una palabra negativa. *Disciplina* proviene de una palabra griega que significa «instruir, enseñar». La disciplina implica la larga y vigilante tarea de guiar a un niño desde la infancia hasta la adultez. El objetivo es que el niño alcance un nivel de madurez que le permita un día funcionar como un adulto responsable en la sociedad. Ahora bien, ¡ese es un objetivo positivo!

Para formar a tu hijo en mente y carácter de modo que se convierta en un miembro ecuánime y constructivo del hogar y de la comunidad, se requiere que utilices todo tipo de comunicación con el niño. Utilizarás la guía mediante el ejemplo, la demostración, la instrucción verbal, la solicitud por escrito, la enseñanza y la predicación del comportamiento adecuado, la corrección del comportamiento indebido, la provisión de experiencias de aprendizaje y mucho más. El castigo es también uno de estos medios y tiene su lugar, pero en muchos hogares se usa a menudo en exceso. Es más, muchos padres suponen que la disciplina y el castigo son sinónimos. El castigo es un tipo de disciplina, aunque la más negativa.

Algunos padres, en particular los que no recibieron mucho amor en su infancia, tienden a pasar por alto la importancia de educar a un niño. Consideran que la tarea principal en la crianza de los hijos es el castigo, en lugar de utilizar otras formas más positivas de disciplina. Para ser eficientes en la disciplina, los padres deben mantener lleno de amor el tanque de amor emocional del niño. Es más, disciplinar sin amor es como tratar de operar una máquina sin aceite. Por un tiempo, quizá parezca que funciona, pero terminará en desastre.

Debido a la confusión sobre la disciplina, en este capítulo nos enfocamos en el significado común y correctivo de la palabra, y en el próximo capítulo lo haremos en los aspectos de enseñanza/ aprendizaje de la disciplina. En ambos casos, exploraremos cómo el lenguaje del amor de tu hijo puede ayudarte a desarrollar la disciplina en tu hijo.

## CÓMO MANTENEMOS A JUANITO FUERA DE LA CALLE

La definición común y popular de disciplina es el establecimiento de la autoridad de los padres, el desarrollo de pautas para el comportamiento y, luego, ayudar a los niños a vivir de acuerdo con estas pautas. A través de la historia, todas las culturas han tenido expectativas de un comportamiento maduro y han ideado los medios mediante los cuales se lograría esto.

Desde el punto de vista histórico, todo tipo de sociedades ha considerado a los seres humanos como criaturas morales. Dentro de la comunidad en general, algunas cosas se consideran ciertas y otras erróneas; algunas se aceptan mientras que otras son inaceptables. Si bien las normas difieren de un lugar a otro, ninguna sociedad es amoral. Cada una tiene sus códigos, reglas, leyes y entendimientos éticos. Cuando las personas eligen vivir una vida inmoral, lo hacen para su propio perjuicio y en perjuicio de su sociedad.

Los padres representan el papel más importante en la disciplina de sus hijos porque son quienes les interpretan los estándares aceptados en general por su cultura. Los bebés no son capaces de decidir cómo vivir, y sin las reglas de los padres, un niño no sobreviviría hasta la adultez. Durante la infancia, los padres deben aplicar en su totalidad las reglas y controlar el comportamiento del niño. Esto significa que no permitirán que Juanito gatee hacia el fuego, sin importar qué tan atraído esté por las crecientes llamas. Más tarde, al empezar a andar, Juanito debe mantenerse fuera de la calle para que no lo atropelle un automóvil. Sus padres deben poner medicinas y sustancias tóxicas fuera de su alcance.

Desde esta etapa infantil que requiere un control total, los padres pasan a dedicar más de una década a criar a sus hijos a un nivel aceptable de autodisciplina. Este camino hacia la madurez es uno que cada niño debe recorrer y para el cual cada padre debe aceptar la responsabilidad. Es una tarea increíble que requiere sabiduría, imaginación, paciencia y grandes cantidades de amor.

Muchos padres están confundidos respecto a la «mejor» manera de criar a sus hijos. No confían en sí mismos y están listos para escuchar al último experto. Sin embargo, incluso los expertos ofrecen teorías que entran en conflicto y consejos a menudo contradictorios. Esto ha provocado mucho desacuerdo en cuanto a los estándares de disciplina en las familias estadounidenses. Por lo tanto, los patrones de disciplina varían mucho en Estados Unidos. Analizar todo el ámbito de la disciplina va más allá del alcance de este libro. Si deseas leer más sobre esto, en el apéndice encontrarás sugerencias de libros.

## ANTES DE DISCIPLINAR

El amor vela por los intereses de los demás; también lo hace la disciplina. Entonces, de seguro que la disciplina es un acto de amor. Y cuanto más se siente amado un niño, más fácil es disciplinarlo.

La razón es que un niño debe identificarse con sus padres para aceptar su guía sin resentimiento, hostilidad ni entorpecedor comportamiento pasivo-agresivo. Esto significa que debemos mantener lleno el tanque de amor del niño antes de emplear la disciplina.

Si el niño no se identifica con sus padres, verá cada petición o mandato de los padres como una imposición y aprenderá a ofenderlos. En casos extremos, el niño llega a considerar una petición de los padres con tal resentimiento que su total orientación hacia la autoridad paterna, y toda autoridad a la larga, se convierte en hacer lo contrario de lo que se espera.

Michael tiene diez años. Su padre, Pablo, es un abogado que trabaja muchas horas. Los fines de semana, corta el césped y hace otros trabajos domésticos. De vez en cuando, asiste a un partido de fútbol el sábado y, a menudo, pasa tiempo trabajando en la oficina de su casa. Michael no ve mucho a su padre. Como el lenguaje primario del amor de Michael es tiempo de calidad, no siente mucho amor por parte de su padre. Para cuando llega el fin de semana, su padre está cansado de manera física y emocional, y no está de humor para tolerar bromas infantiles. Su disciplina suele ir acompañada de palabras duras pronunciadas con voz enojada. Pablo piensa que su disciplina es lo que necesita su hijo para convertirse en un joven responsable.

**Practiquen el amor incondicional, disciplinen después.**

Sin embargo, la realidad es que Michael se resiente mucho de la disciplina y le teme a su padre. Le apetece muy poco obedecer sus deseos y pasa la mayor parte del fin de semana evitando a su padre.

Incluso, un observador casual puede ver la conexión entre la aparente falta de amor de Pablo y la falta de respeto de Michael. Las palabras ásperas y el tono enojado del padre pueden tolerarlas un niño que se siente seguro del amor de su padre, pero cuando el tanque de amor está vacío, como en el caso de Michael, tal disciplina crea enojo y amargura en lugar de responsabilidad.

Si Michael se sintiera seguro en el amor de su padre, sabría que la disciplina que recibía era, al menos en la mente de Pablo, por su bienestar. Sin embargo, como no se siente amado, ve la disciplina de su padre como un acto de egoísmo. Cada vez más, Michael se ve a sí mismo como poco más que una molestia para su padre, y esto está afectando seriamente su autoestima.

Sin duda, es crucial que ames a tu hijo de manera incondicional. Puedes hacer esto con mucha más eficiencia si conoces y hablas todos los lenguajes del amor. Cada niño necesita este amor incondicional para mantener lleno su tanque de amor emocional. Entonces, podrás disciplinar con los mejores resultados posibles. Lo primero es lo primero, compañeros padres. Practiquen el amor incondicional; disciplinen después.

## CÓMO SE AMA A UN NIÑO

Antes de que podamos disciplinar con eficiencia a un niño en amor, debemos hacernos dos preguntas:

*1. ¿Cómo ama un niño?*
*2. ¿Qué necesita mi hijo cuando se comporta mal?*

Bueno, ¿cómo ama un niño? De manera inmadura. En contraste, los adultos procuran amar de forma incondicional. A menudo fallamos y nos conformamos con lo que se llama un amor recíproco. Por ejemplo, Ryan siente un profundo afecto por Robin, quien él quiere que lo ame. Dando lo mejor de sí, intenta ser agradable, tranquilo, servicial, amable, respetuoso y considerado con ella. Como no está seguro del amor de Robin, no recurre a un comportamiento inmaduro, sino que procura ganarse su amor. Este enfoque racional para obtener amor se llama amor recíproco, pues Ryan hace todo lo posible para asegurar el amor de Robin a cambio.

Sin embargo, un niño ama sin amor recíproco ni incondicional. Al ser inmaduro, un niño ama de forma orientada hacia sí mismo. Es instintivamente consciente de su propia necesidad de sentirse amado, de tener un tanque de amor emocional lleno. No es consciente de que sus padres también tienen tanques de amor que deben llenarse. Su única preocupación real es el estado de su propio tanque de amor. Cuando está bajo o vacío, se ve obligado a preguntar con desesperación: «¿Me amas?». La respuesta de sus padres a esa pregunta determina mucho sobre el comportamiento del niño, ya que la causa principal de la mala conducta es un tanque emocional vacío.

Algunos padres piensan que un niño debe tratar de ganarse su amor y afecto con un buen comportamiento, pero esto no es posible. Por naturaleza, el niño prueba a cada momento nuestro amor por su comportamiento. Pregunta: «¿Me amas?». Si respondemos: «Sí, te amo», y llenas su tanque de amor, le quitamos la presión y le hacemos innecesario que continúe probando nuestro amor. También hacemos que sea mucho más fácil controlar su comportamiento. No obstante, si caemos en la trampa de pensar que nuestro hijo debe «ganarse» nuestro amor con un buen comportamiento, siempre nos sentiremos frustrados. También veremos a nuestro hijo como malo, irrespetuoso y sin amor, cuando en realidad necesita que se le asegure nuestro amor.

## CUANDO UN NIÑO SE PORTA MAL

Cuando un niño pregunta a través de su comportamiento: «¿Me amas?», es posible que no nos guste su comportamiento. Si el niño se siente lo bastante desesperado, su comportamiento se volverá inapropiado. Nada desespera más a un niño que la falta de amor. Sin embargo, no tiene sentido exigirle buena conducta a un niño sin primero asegurarnos de que se sienta amado.

La segunda pregunta que debemos hacernos para disciplinar con amor es: «¿Qué necesita mi hijo cuando se porta mal?». En su lugar, cuando un niño se porta mal, muchos padres preguntan:

«¿Qué puedo hacer para corregir su comportamiento?». Si hacen esa pregunta, la respuesta lógica es: «Castigo». Esta es una de las razones por las que el castigo se usa tanto, en lugar de que los padres seleccionen formas más apropiadas de instruir a un niño. Cuando recurrimos primero al castigo, más tarde no podemos considerar con facilidad las necesidades reales del niño. Un niño no se sentirá amado si lidiamos con la mala conducta de esta manera.

No obstante, cuando preguntamos: «¿Qué necesita este niño?», podemos proceder de manera racional y decidir un curso adecuado. Un niño que se porta mal tiene una necesidad. Pasar por alto la necesidad detrás de la mala conducta puede evitar que hagamos lo debido. Al preguntarnos: «¿Qué puedo hacer para corregir el comportamiento de mi hijo?», a menudo conduce a un castigo irreflexivo. Preguntar: «¿Qué necesita mi hijo?», nos permite continuar confiando en que manejaremos bien la situación.

## POR QUÉ UN NIÑO SE PORTA MAL: UN TANQUE DE AMOR VACÍO

Cuando tu hijo se porta mal y te preguntas: «¿Qué necesita mi hijo?», la siguiente pregunta debería ser: «¿Necesita este niño llenar su tanque de amor?». Es mucho más fácil disciplinar a un niño si se siente amado de veras, en particular si la causa de la mala conducta es un tanque de amor vacío. En ese momento, debes tener en cuenta los lenguajes del amor, sobre todo el toque físico, el tiempo de calidad y el uso del contacto visual.

Cuando es obvio que un niño se porta mal, no se debe tolerar lo que hace. No obstante, si lo tratamos mal, ya sea con demasiada dureza o con demasiada permisividad, tendremos más problemas con ese niño, y esos problemas empeorarán a medida que crezca. Sí, tenemos que disciplinar (instruir) a un niño hacia el buen comportamiento, pero el primer paso en ese proceso no es el castigo.

Los niños pequeños no son sutiles al pedir nuestro amor. Son ruidosos y a menudo hacen cosas que parecen inapropiadas para una forma de pensar adulta. Cuando nos damos cuenta de que en realidad nos suplican que pasemos tiempo con ellos, que los carguemos, que nos entreguemos a ellos de manera personal, recordaremos que son niños y que tenemos la preciosa responsabilidad de llenar primero sus tanques de amor, y luego instruirlos para avanzar en su viaje.

## POR QUÉ UN NIÑO SE PORTA MAL: PROBLEMAS FÍSICOS

Entonces, ¿qué hacemos cuando la mala conducta no se debe a un tanque de amor vacío?

Después de preguntarte: «¿Qué necesita este niño?», y de determinar que el tanque de amor del niño no está agotado, pregúntate: «¿Es esto un problema físico?». La segunda causa más común del mal comportamiento es un problema físico, y cuanto más pequeño sea el niño, más se ve afectado el comportamiento por las necesidades físicas. «¿Mi hijo está sufriendo? ¿Hambriento o sediento? ¿Fatigado? ¿Enfermo?». La mala conducta no se puede tolerar, incluso si se debe a un problema físico, pero el comportamiento problemático casi siempre se puede aliviar con rapidez si su origen es físico.

## EL REMORDIMIENTO DE UN NIÑO, EL PERDÓN DE UN PADRE

Supongamos que determinas que la mala conducta de tu hijo no se debe a motivos físicos. ¿Cuál es la siguiente pregunta? «¿Mi hijo se siente arrepentido por lo que hizo?». Cuando un niño se siente arrepentido de veras por lo que hizo, no hay necesidad de seguir adelante. Aprendió y se arrepintió; el castigo ahora podría ser destructivo. Si tu hijo está arrepentido de verdad y muestra genuino remordimiento, debes alegrarte. Esto significa que su conciencia está viva y bien.

¿Qué controla el comportamiento de un niño (o de un adulto) cuando no tiene que comportarse de manera apropiada? Cierto:

una conciencia sana. ¿Y cuál es la materia prima de la cual se forma una conciencia normal? La culpa. Se necesita cierta cantidad de culpa para el desarrollo de una conciencia sana. ¿Y qué borrará la culpa, tan limpia como una pizarra nueva? Lo adivinaste: el castigo, sobre todo el castigo corporal. Sin embargo, castiga al niño cuando ya se siente de veras culpable por su comportamiento y obstaculiza su capacidad para desarrollar una buena conciencia. En tal situación, el castigo casi siempre produce enojo y resentimiento.

Cuando tu hija se arrepiente de su mala conducta, discúlpala en lugar de castigarla. Mediante tu ejemplo de perdonarla, le enseñas hermosas lecciones sobre el perdón que puede incorporarlas en sus años adultos. Al experimentar el perdón de sus padres, aprende a perdonarse a sí misma y, luego, a perdonar a otras personas. Qué hermoso regalo. ¿Has visto a un niño que estaba de veras arrepentido por algo malo que hizo y que luego experimentó el perdón de un padre? Esta es una experiencia rara e inolvidable. El amor que fluye del corazón del niño es abrumador.

La única otra forma en que puedes enseñarle a tu hijo a perdonar es pidiendo perdón cuando te portas mal con él. Si bien deberías hacer esto de vez en cuando, no tendría que ser a menudo. Si es así, ofendes de manera indebida a tu hijo y no aprendes de tus propios errores.

## CINCO IDEAS SOBRE EL CONTROL DEL COMPORTAMIENTO DE TU HIJO

Como padres, tenemos la responsabilidad de todo lo que sucede con nuestros hijos, a menudo más de lo que queremos admitir. Podemos aprender formas de ayudar a nuestros hijos a evitar el mal comportamiento y el castigo posterior. Aquí tienes cinco métodos que puedes utilizar para controlar con eficacia el comportamiento de tu hijo. Dos de estos son positivos, dos son negativos y uno es neutral. Al leer esta sección, sería bueno que pensaras en los métodos de control que has empleado con tus hijos; es posible que desees hacer cambios o añadiduras a tu enfoque.

### 1. *Hacer peticiones*

*Hacer peticiones* es un medio muy importante y positivo para controlar el comportamiento. Es muy beneficioso para padres e hijos. Las peticiones son agradables para el niño y ayudan a calmar el enojo que pueden despertar las órdenes de los padres. Además, es mucho más fácil para los padres ser agradables cuando usan las peticiones, permaneciendo así «amables, pero firmes».

Cuando realizas peticiones, le envías tres mensajes no verbales a tu hijo. El primero es que respetas sus sentimientos. Dices: «Respeto el hecho de que tengas sentimientos, y tus sentimientos sobre este asunto en particular». El segundo mensaje no verbal es el hecho de que te das cuenta de que tu hijo tiene cerebro y puede formarse una opinión. «Respeto que tengas una opinión sobre esto».

El tercer mensaje es el mejor de todos. Las peticiones le dicen a tu hijo que esperas que asuma la responsabilidad de su comportamiento. Este tipo de responsabilidad es muy deficiente hoy. Tu hijo puede aprender a ser una persona responsable cuando le das la oportunidad de serlo. Mediante el uso de peticiones, lo guías y alientas a asumir la responsabilidad.

Un niño que se cría de esta manera llega a sentir que está en sociedad con sus padres en la formación de su carácter. Este tipo de crianza de los hijos no es permisividad. El padre no renuncia a la autoridad ni al respeto. En realidad, el niño tendrá mucho más respeto por sus padres porque sentirá que no solo le dicen qué hacer, sino que se interesan sobre todo en lo que es mejor para él.

Además, las peticiones son la mejor manera de dar instrucciones. Como las peticiones son más agradables, reflexivas y consideradas que las órdenes, puedes usarlas para instruir a tu hijo casi de manera interminable. Ningún otro método de control permite esto.

### 2. *Dar órdenes*

Se necesita *dar órdenes* y a veces es apropiado. Las peticiones son superiores en gran medida cuando se puede elegir, pero las órdenes se necesitan cuando fallan las peticiones. Entonces, debes ser más enérgico. Las órdenes son un medio de control negativo porque requieren tonos más severos que las peticiones, con una inflexión de voz descendente al final de la instrucción. Esta combinación casi siempre provoca irritación, enojo y resentimiento en el niño, en especial si se usa con frecuencia. Además, los mensajes no verbales que acompañan a las órdenes son a menudo negativos. Debido a que le dices a un niño qué hacer, sin opciones ni oportunidades de retroalimentación o discusión, transmites que los sentimientos y las opiniones del niño no son importantes para ti. Por encima de todo, asumes toda la responsabilidad contigo mismo y, en esencia, dices: «No importa cuáles sean tus sentimientos ni opiniones sobre esto. No espero que asumas la responsabilidad de tu propio comportamiento. Solo espero que hagas lo que te digo».

Cuanto más uses técnicas autoritarias como órdenes, regaños, reprimendas o gritos, menos eficiente serás. En cambio, si casi siempre usas peticiones agradables, el uso ocasional de las órdenes a menudo será eficaz.

Como padre, solo tienes mucha autoridad. Si la desperdicias siendo negativo, no tendrás suficiente para los tiempos difíciles y críticos. *Ser amable, pero firme*, no solo conserva tu autoridad, sino que *aumenta tu autoridad, porque te ganas el respeto y el amor de tus hijos, así como su gratitud.*

Los niños son grandes observadores. Ven y escuchan cómo otros padres recurren a la disciplina desagradable, autoritaria y airada con sus hijos. Cuando eres amable, pero firme con ellos, ¡no te puedes imaginar lo mucho que te aprecian y lo agradecidos que están de tenerte como padre!

### 3. Manipulación física suave

La *manipulación física suave* puede mover al niño en la dirección apropiada. Es eficaz en especial con niños pequeños que a menudo hacen cosas que no necesariamente son indebidas, pero que no son de tu preferencia. Por ejemplo, el negativismo de los niños de dos años se puede confundir muy fácil con el desafío.

«No», dice Henry, pero luego hará lo que le pidas. A veces hay una demora después que Henry lo dice, y luego responde a tu pedido. Puede parecerte que te desafía, pero no es así. El negativismo en los niños de dos años es un paso normal de desarrollo, una forma en que el niño comienza a separarse psicológicamente de su madre o padre.

Esta simple habilidad para decir no es importante. Si castigas a un niño pequeño por esto, no solo lo lastimas, sino que interfieres de forma directa en su desarrollo normal. Ten cuidado de no confundir el negativismo con el desafío. Están separados por completo.

Digamos que quieres que tu hija de tres años venga a ti. Comienzas con una petición: «Ven aquí, ¿quieres, cariño?». Tu hija responde: «No». Te mueves para una orden: «¡Ven aquí ahora!». De nuevo responde: «No». En este punto, es una verdadera tentación castigarla, pero debes resistirte. En vez de correr un gran riesgo y lastimar a tu hija, ¿por qué no la guías con suavidad hacia el lugar en el que quieres que esté? Si se resiste, sabes que puede ser un desafío y puedes tomar un curso apropiado. Sin embargo, casi siempre descubres que la niña no era desafiante, sino que solo decía que no. Y no heriste nada.

Por lo general, el negativismo comienza cuando los niños tienen dos años, pero puedes ver ejemplos de esto en prácticamente todas las edades. Cuando no estés seguro de cómo lidiar con una situación, puedes intentar la manipulación física suave. Es útil en particular cuando un niño pequeño actúa en un lugar público. En vez de ceder a la frustración, sus padres pueden seguir adelante con el mismo.

### 4. Castigo

El *castigo* es el método de control más negativo y también el más difícil. Primero, el castigo debe ajustarse a la falta, pues los niños son muy conscientes de la justicia. Saben cuándo un castigo es muy indulgente o severo. También pueden detectar incoherencias en las actitudes de sus padres hacia los niños de la familia.

En segundo lugar, el castigo puede que no sea apropiado para un niño en particular. Enviar a un niño a su habitación, por ejemplo, puede ser muy doloroso para un hermano, y parecer un tiempo de juego para otro. En tercer lugar, el castigo trae consigo una variación, ya que los padres a menudo confían en sus sentimientos cuando imponen un castigo. Cuando todo marcha sobre ruedas y se sienten bien, tienden a ser más indulgentes. En los días malos, cuando uno de los padres no se siente muy bien, el castigo impuesto es más severo.

Aunque te resulte difícil decidir cuándo y cómo se debe usar el castigo, tienes que estar preparado para usarlo y hacerlo como es debido. Esto puede facilitarse al planificarse con anticipación, a fin de que logres evitar la «trampa del castigo». Esto significa sentarte con tu cónyuge o un buen amigo para decidir los castigos apropiados para diversas ofensas. Tal planificación mantendrá tu enojo bajo control cuando tu hijo haga algo que te moleste.

Cuando tu hijo se porta mal, y en seguida te haces las preguntas que sugerimos antes, y te sale con negativas a todas (incluido el «No» constante de un niño de dos años), debes hacer una pregunta más: «¿Está siendo este niño desafiante?». El desafío es resistir y desafiar sin rodeos la autoridad de los padres.

Por supuesto, el desafío no se puede permitir y el comportamiento debe corregirse. Sin embargo, el desafío de un niño no significa que se indique el castigo de forma automática. Quieres evitar la trampa del castigo. Si una petición rompe el desafío, y a menudo lo hace, genial. Si la manipulación física suave o una orden son apropiadas, bien. Si el castigo está indicado, hazlo con cuidado.

Por último, no uses el castigo como tu modo principal de disciplinar a tu hijo o adolescente. Provocarás grandes cantidades de ira innecesaria. También obligarás a tu hijo a «cargar» con su enojo; puede que desarrolle actitudes y comportamientos pasivo-agresivos, tratando de vengarse de ti de manera indirecta. (En el capítulo 10 analizaremos el comportamiento pasivo-agresivo).

### 5. Modificación del comportamiento

La *modificación del comportamiento* también puede controlar el comportamiento de un niño. Utiliza refuerzo positivo (colocando un elemento positivo en el entorno del niño), refuerzo negativo (retirando un elemento positivo del entorno del niño) y castigo (colocando un elemento negativo en el entorno del niño). Un ejemplo de refuerzo positivo es recompensar a un niño por un comportamiento apropiado dándole un dulce o una fruta. Un refuerzo negativo podría ser retirar los privilegios de televisión de un niño por comportamiento inapropiado. Un ejemplo de castigo (a veces llamado técnica más severa) sería enviar a un niño a su habitación.

La modificación del comportamiento puede ser útil a veces, en particular para problemas recurrentes y específicos de la conducta, por los cuales un niño no muestra remordimiento. Aun así, creemos que debería usarse con moderación. Si los padres abusan de la modificación del comportamiento, su hijo no se sentirá amado. La primera razón para esto es que la base misma de la modificación del comportamiento es condicional: el niño recibe una recompensa solo si se porta de cierta manera. En segundo lugar, la modificación del comportamiento no se ocupa de los sentimientos ni de las necesidades emocionales del niño, y no puede transmitir el amor incondicional. Si los padres controlan el comportamiento de su hijo principalmente al tratar de modificarlo, desarrollarán un sistema de valores deformado en el que sobre todo hará las cosas para obtener una recompensa. Seguirá la orientación de «¿qué hay para mí?».

La modificación del comportamiento también puede enseñarles a los niños a usar el mismo método con sus padres. Harán lo que los padres deseen para obtener lo que quieren. Esto conduce a la manipulación.

Debido a todas las precauciones acerca de este método, es posible que te sorprendas de que te sugiramos que lo uses. De nuevo, puede ayudar con problemas de comportamiento recurrentes y específicos para un niño desafiante. Sin embargo, trabajar con un sistema de recompensas requiere tiempo, coherencia, esfuerzo y persistencia.

## AMOR: ANTES Y DESPUÉS DEL CASTIGO

Debido a que la disciplina es más eficaz cuando se lleva a cabo en el contexto del amor, es conveniente darle al niño una expresión consciente de amor antes y después de administrar el castigo. Hemos notado que la forma más eficaz de comunicar el amor es mediante el uso del lenguaje primario del amor del niño, así que háblalo incluso cuando debas corregir o castigar al niño.

Larry es un ingeniero eléctrico y, por naturaleza, su personalidad es bastante rígida. En sus primeros años como padre, solía ser severo y práctico en la disciplina de sus hijos. Después de aprender sobre los cinco lenguajes del amor, determinó que el lenguaje primario del amor de su hijo era el toque físico. Cuenta cómo aplicó esto al disciplinar a su hijo. «Kevin rompió la ventana del vecino mientras jugaba al béisbol en el patio. Sabía que era contrario a las reglas jugar al béisbol allí, el parque estaba a solo una cuadra de distancia y era el lugar para jugar a la pelota. En varias ocasiones, hablamos sobre los peligros de jugar a la pelota en el patio. Cuando nuestro vecino vio a Kevin golpear la pelota que rompió la ventana, llamó a mi esposa para informarnos.

»Después de llegar a casa, fui tranquilamente a la habitación de Kevin, donde trabajaba en su computadora. Me acerqué y comencé a frotar sus hombros. En un minuto más o menos, se apartó de la computadora y me prestó atención. "Ponte de pie", le dije. "Quiero abrazarte". Lo rodeé con mis brazos y le dije: "Tengo que hacer algo de veras difícil, y quiero que sepas que te amo más que a nada".

»Seguí abrazándolo por un largo minuto, se sentía bien estar cerca. Luego, lo solté y le dije: "Mamá llamó hoy para decirme lo que pasó con la ventana del Sr. Scott. Sé que fue un accidente, pero tú estás al tanto de la regla de no jugar al béisbol en el jardín. Por lo tanto, tengo que disciplinarte por romper esa regla. Me duele hacer esto, pero es por tu bien. No habrá béisbol por las próximas dos semanas. Y debes usar tu dinero para pagar la reparación de la ventana de Scott. Llamaremos a la compañía de las ventanas para averiguar cuánto costará".

»Entonces, lo abracé de nuevo. Sé que sintió mis lágrimas corriendo por su cuello. Le dije: "Te amo, amigo". Y él dijo: "Yo también te amo, papá". Salí de la habitación, sabiendo que había hecho lo que debía; de alguna manera me sentía mucho mejor cuando le aseguré mi amor antes y después de la disciplina. Sabiendo que el toque físico era su lenguaje primario del amor, sentí que la disciplina se recibió de manera positiva. Recuerdo bien las veces anteriores cuando lo discipliné para quitarme el enfado, y le dije palabras ásperas y amargas y, a veces, le di una palmada de ira. Le agradezco a Dios que ahora conozco una mejor manera».

Si el lenguaje del amor de Kevin hubiera sido palabras de afirmación, el encuentro de Larry con él podría haber sido algo como esto: «Kevin, necesito hablar contigo por unos minutos. Quiero que sepas cuánto te amo y aprecio el arduo trabajo que haces en la escuela. Sé que cuando llegas a casa quieres relajarte y que disfrutas jugando al béisbol. Por lo general, sigues nuestras reglas de la casa y lo aprecio de veras. Es raro que tenga que disciplinarte. Lo que estoy tratando de decir es que lo que tenemos que hablar es un incidente aislado y no es típico de tu comportamiento, y estoy agradecido por eso.

»Es probable que sepas que el Sr. Scott llamó a tu madre esta tarde y le dijo que te vio golpear la pelota de béisbol que rompió su ventana. Si bien fue un accidente, tú conoces la regla sobre jugar al béisbol en el patio. Es difícil para mí hacer esto, pero como desobedeciste, tengo que disciplinarte. No habrá béisbol por dos semanas. Y tendrás que usar tu propio dinero para pagar la reparación de la ventana de Scott. Llamaré a la compañía de ventanas para averiguar cuánto costará.

»¿Entiendes que no estoy enojado contigo? Sé que no quisiste romper la ventana, y es posible que tampoco lo pensaras cuando comenzaste a jugar a la pelota en el jardín. Te quiero mucho y estoy orgulloso de ti. Sé que aprenderás una buena lección de esta experiencia». Su conversación puede terminar con un abrazo, pero la expresión principal de amor está en las palabras de afirmación tanto antes como después de la disciplina.

El uso del lenguaje primario del amor de tu hijo no significa que tampoco puedas usar algunos de los otros lenguajes del amor; significa que le das a tu hijo la expresión de amor más eficaz posible antes y después de la disciplina. Como sabes que le mostrarás amor a tu hijo, es probable que tengas más cuidado con el tipo de disciplina que decidas administrar y la forma en que lo haces.

## RESPETA EL LENGUAJE DEL AMOR DE TU HIJO

Comprender el lenguaje primario del amor de tu hijo te ayudará a elegir el mejor método de disciplina. En la mayoría de los casos, no uses una forma de disciplina que esté directamente relacionada con el lenguaje primario del amor de tu hijo. Respeta el lenguaje del amor del niño al no seleccionarlo como un método de disciplina. Tal disciplina no tendrá el efecto deseado y, en realidad, puede causar un dolor emocional extremo. El mensaje que recibirá tu hijo no es de corrección amorosa, sino de doloroso rechazo.

Por ejemplo, si el lenguaje del amor de tu hijo es el de palabras de afirmación y usas palabras condenatorias como una forma de disciplina, tus palabras no solo le comunicarán que estás disgustado con cierto comportamiento, sino también que no amas a tu hijo. Las palabras críticas pueden ser dolorosas para cualquier niño, pero para este niño, serán devastadoras en lo emocional. De este modo Ben, de dieciséis años, nos dijo que su padre no lo amaba, al citar la disciplina de su padre que incluía una

> **Si el lenguaje primario del amor de tu hija es tiempo de calidad, no quieras disciplinarla con aislamiento.**

voz elevada y palabras cortantes: «Si hago algo que él piensa que está mal, sus gritos pueden durar horas. Recuerdo el día en que me dijo que no estaba seguro de que fuera su hijo, pues no podía creer que su hijo hiciera algo tan terrible. En realidad, no sé si soy su hijo, pero sé que no me ama».

Mientras más hablaba, se hizo obvio que el lenguaje primario del amor de Ben era el de palabras de afirmación. Cuando su padre usó palabras para comunicar su disgusto por el comportamiento de Ben, destruyó la sensación del hijo de ser amado.

Ten cuidado. Si el lenguaje primario del amor de tu hija es tiempo de calidad, no quieras disciplinarla con aislamiento, como por ejemplo, enviarla a su habitación cada vez que se porta mal. Si se trata del toque físico, no disciplines reteniendo tus abrazos. Recordamos a Carlos, un niño de diez años cuyo lenguaje primario del amor es el toque físico. A menudo camina detrás de su madre y la abraza o le frota los hombros. Su madre también es físicamente expresiva y con frecuencia le comunica amor a Carlos por el toque físico. En cambio, el padre de Carlos, Joe, se crio en un hogar donde las nalgadas eran el método normal de disciplina; por consiguiente, ese es su principal método de disciplina cuando Carlos desobedece.

Esas nalgadas no son abusivas, ya que no rompen la piel ni dejan a Carlos con verdugones. Sin embargo, cuando Carlos recibe una de esas nalgadas de Joe, puede llorar durante tres horas. Lo que su padre no comprende es que está tomando el lenguaje primario del amor de su hijo, el toque físico, y usándolo de forma negativa. Como resultado, Carlos se siente castigado y no amado. Su padre nunca lo abraza después de una nalgada, porque esto parecería incongruente en su filosofía de la disciplina.

Joe es sincero en sus esfuerzos por disciplinar a su hijo, pero no reconoce cuánta distancia emocional está poniendo entre él y Carlos. Como padres, debemos recordar con frecuencia que el propósito de la disciplina es corregir el comportamiento indebido y ayudar al niño a desarrollar la autodisciplina. Si no aplicamos el concepto del lenguaje del amor, bien podemos destruir la sensación de ser amado de un niño, en nuestros esfuerzos por corregir el mal comportamiento. Comprender el lenguaje primario del amor de tu hijo puede hacer que tu disciplina sea mucho más eficaz.

# 9

# El aprendizaje y los lenguajes del amor

Los padres son los principales y más importantes maestros de un niño. Los investigadores ahora están de acuerdo en que el momento óptimo para la estimulación de las habilidades básicas del aprendizaje en un niño es antes de los seis años. El Dr. Burton White, un famoso pionero en la investigación del aprendizaje temprano y el fundador del *Harvard Preschool Project*, dice: «Parece que se requiere una experiencia educativa de primer orden durante los primeros tres años de vida si una persona debe desarrollar su pleno potencial»[1]. Los sociólogos y educadores, convencidos de que tal estimulación de los más pequeños pueden incentivar las habilidades de aprendizaje, han creado programas, como *Head Start*, diseñados para ayudar a los niños desfavorecidos durante sus años preescolares.

Sí, los padres somos los maestros principales. Y uno de nuestros primordiales medios de enseñanza es la disciplina adecuada, administrada con amor.

En el capítulo 8, consideramos la disciplina como guía para la madurez. Ahora consideremos la otra mitad de la idea clásica de la disciplina: enseñar a nuestros hijos. La verdadera disciplina puede ayudar a desarrollar el intelecto y las habilidades sociales de un niño que les servirán toda la vida.

La mayor conciencia en los últimos años de la importancia del aprendizaje en la primera infancia subraya nuestro papel crucial como padres en el desarrollo de la inteligencia de nuestros hijos. Esto no significa que debas llevar a cabo lecciones formales con tu niño pequeño. En su lugar, debes tratar de comprender el impulso innato de tu hijo para aprender, explorar y, luego, satisfacer la necesidad urgente de su cerebro en desarrollo de estímulos sensoriales y experiencias de aprendizaje agradables.

Muchos padres ven la ocupación básica del juego de sus hijos y piensan que el aprendizaje puede dejarse para el primer grado. Sin embargo, a los niños pequeños les encanta aprender. Nacen con un hambre innata de aprendizaje que se mantiene fuerte, a menos que los adultos los aburran, les peguen, entrenen o desalienten. Una observación cuidadosa de bebés y niños pequeños revela que la mayor parte de su actividad no es un simple juego de niños. Por el contrario, nuestros pequeños se esfuerzan por aprender una nueva habilidad, ya sea para dar una voltereta de espalda; gatear; para detenerse y luego caminar; o tocar, sentir y saborear el mundo que los rodea.

Una vez que aprenden a hablar, sus mentes se llenan de preguntas, y los niños de tres y cuatro años pueden hacer docenas de preguntas todos los días. Cuando alcanzan la etapa de imitación y fingen ser adultos, rara vez copian a los adultos en el juego. Más bien, imitan a los adultos en el trabajo: enseñar, conducir un camión, ser médico o enfermera, cuidar bebés, trabajar como «hombre de negocios», y más. Si observas las actividades de tu hijo por solo un día y preguntas: «¿Qué parece hacerle más feliz? ¿Qué es lo que más atrae su atención?», es probable que descubras que se trata de una actividad en la que está aprendiendo.

## LA CLAVE PARA EL APRENDIZAJE DE TU HIJO: TÚ

Los niños descubren la vida a través de los cinco sentidos. Un ambiente hogareño rico en estimulación de la visión, la audición, el tacto, el gusto y el olfato alimentará su deseo natural de descubrir y aprender. El desarrollo del lenguaje depende en gran medida de la estimulación verbal que los niños reciben de los adultos en estos primeros años. Por lo tanto, hablar con ellos y alentarlos a decir palabras coopera con su deseo natural de aprender. Animando sus esfuerzos para decir palabras y aportar comentarios correctivos son parte del proceso. En este tipo de entorno verbal enriquecido, su vocabulario aumenta y se desarrolla su capacidad para usar oraciones. Más tarde, aprenden a emplear esta habilidad para expresar emociones, pensamientos y deseos.

Lo que es cierto en el desarrollo verbal, también lo es en todas las esferas del desarrollo intelectual. Si el hogar no proporciona este tipo de estímulo intelectual básico, es probable que un niño se encuentre en desventaja en su aprendizaje posterior, y el pronóstico para su desarrollo educativo sea deficiente. Los programas escolares solo ofrecen una pequeña compensación por un ambiente hogareño no estimulante.

Un ambiente y una actitud de apoyo ayudarán a nuestros niños a aprender en casa. Los niños son más emocionales que cognitivos, es decir, recuerdan los sentimientos con más rapidez que los hechos. Eso significa que tus hijos se acuerdan de cómo se sentían en una situación particular con mucha más facilidad de lo que se acuerdan de los detalles del evento. Por ejemplo, un niño que escucha una historia recordará con exactitud cómo se sintió después que olvidara la lección.

Tu hija puede olvidar los detalles, pero recuerda al maestro. En su enseñanza, esto significa tratarla con respeto, bondad y preocupación. Significa hacerla sentir bien consigo misma y garantizar que nunca la critiques ni la humilles. Cuando una situación de enseñanza es aburrida o degradante, es probable que un niño rechace incluso la mejor enseñanza, en especial si se trata de moralidad o ética. Cuando respetas a tu hijo, este te respetará a ti y a tu punto de vista.

La clave para el aprendizaje de tu hijo eres tú, desde la infancia hasta todos los años de instrucción formal. El aprendizaje es una hazaña compleja que está bajo la influencia de muchos factores. Uno de los más fuertes es tu participación total.

## CÓMO LOS LENGUAJES DEL AMOR AYUDAN EN EL APRENDIZAJE

El hecho más importante que debes saber acerca de la capacidad de aprendizaje de un niño es este: Para que un niño pueda aprender bien a cualquier edad, debe estar en el nivel de madurez emocional de esa edad en particular. A medida que el niño crece, su capacidad de aprender aumenta debido a varios factores, el más importante de los cuales es su madurez emocional. Y los padres tienen el mayor efecto en el desarrollo emocional del niño.

Esto no quiere decir que todos los problemas de aprendizaje sean culpa de los padres, ya que muchos factores pueden afectar la capacidad de aprendizaje de un niño. Sin embargo, el desarrollo emocional puede marcar una gran diferencia en la preparación y el proceso de aprendizaje del niño, y es aquí donde los padres pueden brindar más ayuda. Podemos cebar la bomba del aprendizaje de nuestro hijo llenando continuamente su tanque emocional.

**Muchos padres no se dan cuenta de que un niño puede retrasarse de manera emocional.**

A medida que hablas con regularidad los cinco lenguajes del amor (toque físico, palabras de afirmación, tiempo de calidad, regalos y actos de servicio), le das a tu hijo mucha estimulación intelectual. En los primeros años, cuando es probable que no conozcas el lenguaje primario del amor de tu hijo, casi siempre le das los cinco. Al hacerlo, no solo satisfaces la necesidad emocional de amor de tu hijo, sino que también le proporcionas los estímulos físicos e intelectuales necesarios para desarrollar sus intereses incipientes. Aunque tu énfasis está en el amor, también enseñas e instruyes a tu hijo.

Los padres que no dedican el tiempo para hablar los cinco lenguajes del amor, sino que solo procuran satisfacer las necesidades físicas de un niño, descuidan su desarrollo intelectual y social. Un niño hambriento de amor y aceptación de parte de sus padres tendrá poca motivación para aceptar los desafíos del aprendizaje en los primeros años o más tarde en la escuela.

Muchos padres no se dan cuenta de que un niño puede retrasarse de manera emocional. Y de seguro es posible que un niño se retrase hasta tal punto que nunca pueda alcanzarlo. ¡Qué tragedia! La maduración emocional de un niño afecta a todo lo demás: su autoestima, seguridad emocional, capacidad para sobrellevar el estrés y el cambio, y las capacidades de socializar y aprender.

Quizá en ningún otro lugar se demuestre con mayor claridad la conexión entre el amor y el aprendizaje que cuando los padres de un niño se separan o divorcian. Esta ruptura traumática rompe el tanque emocional del niño y agota su interés en aprender. En lugar de amor, el niño a menudo siente confusión y miedo, ninguno de los cuales es un buen compañero para aprender. Un niño cuyos padres se divorciaron, casi siempre mostrará un menor interés académico durante varios meses hasta que se pueda restablecer en su mundo cierta medida de seguridad y confianza del amor. Lo lamentable es que algunos niños nunca se recuperan por completo.

Como padres, tenemos la mayor influencia en la vida de un niño. Si eres un padre soltero, al practicar el lenguaje del amor de tu hijo, puedes ayudar a restaurarle su sensación de seguridad. (Un excónyuge cooperador también ayudará). Ese tanque de amor lleno le permitirá llegar a tiempo a cada nivel emocional sucesivo, a fin de estar listo para dar el siguiente paso en el aprendizaje.

## «MADRES TIGRE» Y OTROS

Los estudios muestran de manera coherente que la participación de los padres en la educación ayuda a los niños a prosperar en la escuela. Poco tiempo antes, libros como *Madre tigre, hijos leones*, de Amy Chua, han resaltado los extremos a los que acuden algunos padres para garantizar el éxito académico de sus hijos, y han provocado un debate sobre cuán involucrados deberían estar los padres. En una época en la que se presta gran atención a la competitividad estadounidense en un mercado global y en la que el interés está en el rendimiento de los estudiantes estadounidenses en comparación con los estudiantes de otros países, los padres se sienten incómodos con sus papeles y algunas veces llegan a extremos extraordinarios para ayudar a sus hijos a triunfar. Al mismo tiempo, los jóvenes que crecen en ambientes menos privilegiados se atrasan cada vez más.

A menudo, la pieza que falta en estos entornos es la presencia de un padre. La investigación demuestra de manera sistemática que una mayor atención de los padres trae como resultado un menor comportamiento delictivo y mayores niveles de educación para los niños. Y aunque culpan a los niños por el comportamiento delictivo, casi siempre los padres son los delincuentes con relación a los hijos.

No obstante, ya sea que estés casado, te volvieras a casar o seas padre soltero, como padre preocupado por brindarles a tus hijos el amor que necesitan, debes asegurarte de pasar el tiempo necesario para llenar sus tanques de amor con los cinco lenguajes del amor. Tú eres la clave en la capacidad de tus hijos para aprender y tener éxito en todos los sentidos. Además, tienes una gran ventaja sobre las personas ajenas a tu familia: conoces y comprendes a tus hijos, y tienes un entorno hogareño en el que puedes satisfacer sus necesidades.

## SI TU HIJO ESTÁ ANSIOSO

Un niño que está bien emocionalmente tendrá la concentración, motivación y energía que necesita para usar sus habilidades al máximo. Por el contrario, si lo angustia la ansiedad o la melancolía, o no se siente amado, es probable que tenga problemas de concentración y capacidad de atención, y sienta una disminución en la energía. Le resultará más difícil mantener su mente en la tarea que tiene entre manos. Estudiar puede parecer poco interesante. Tenderá a preocuparse por sí mismo y sus necesidades emocionales, y sufrirá su capacidad de aprender.

Si esta ansiedad continúa, será más evidente cuando el niño ingrese en una nueva experiencia de aprendizaje. Tal ansiedad relacionada con el aprendizaje a menudo aparece entre los niños que van de tercer a cuarto grado. Por lo general, este paso de grado implica un cambio en el contenido y los métodos de enseñanza. La principal diferencia es el cambio de pensar y aprender en concreto a la inclusión de pensar y aprender de manera abstracta. El aprendizaje concreto trata con hechos claros: Baltimore se encuentra en el estado de Maryland. El pensamiento abstracto es simbólico: las palabras y frases representan ideas y conceptos. Pasar del pensamiento concreto al abstracto es un gran paso, y no todos los niños pueden lograrlo en el momento justo.

Cuando un niño no puede dar este paso con facilidad, sufre de muchas maneras. No puede entender por completo el contenido de las lecciones. Siente que se está quedando atrás, y esto daña su autoestima, ya que se considera inferior a sus compañeros. A menos que esto se corrija con rapidez, el niño desarrollará depresión, más ansiedad y comenzará a sentirse como un fracaso general. Debido a que el paso al cuarto grado es uno de los períodos más críticos de transición académica, vale la pena que los padres lo noten en especial.

El nivel de madurez emocional de tu hijo puede marcar una diferencia significativa en cómo supera esta transición. Por «madurez emocional» nos referimos a la capacidad de controlar su ansiedad, resistir el estrés y mantener el equilibrio durante los momentos de cambio. Cuanto más puedan hacer tus hijos estas cosas, mejor podrán aprender. Y la mejor manera de ayudar a tus hijos a madurar emocionalmente y mantener un buen nivel de motivación para su edad es mantener llenos sus tanques de amor emocional.

Una señal de ansiedad en los niños es la imposibilidad de hacer contacto visual con facilidad. Un niño demasiado ansioso tendrá problemas para acercarse a otros, tanto adultos como compañeros. El niño desfavorecido en lo emocional tendrá dificultades en la comunicación más simple. El aprendizaje de rutina se verá afectado por esa tensión y ansiedad.

Algunos de estos niños han recibido ayuda debido a la atención especial de sus maestros que incluye contacto visual y toque físico. A medida que se satisfagan sus necesidades emocionales, disminuirán sus temores y ansiedades, y aumentará su seguridad y confianza. Entonces, pueden aprender. Por supuesto, es preferible que los padres amorosos satisfagan estas necesidades en el hogar.

## ¿CÓMO PUEDES MOTIVAR A TU HIJO?

Una pregunta que los padres suelen hacer es: «¿Cómo puedo motivar a mi hijo?». Solo podemos motivar a nuestros hijos después de llenarles sus tanques de amor e instruirlos para controlar su enojo. Al fallar en estos dos elementos esenciales, es casi imposible entender cómo motivar a los niños.

La clave para motivar a un niño es lograr que asuma la responsabilidad de su propio comportamiento. Un niño que no puede asumir esta responsabilidad no puede ser motivado. Un niño que asume la responsabilidad de sí mismo está motivado.

### Alienta los intereses de tu hijo

Puedes ayudar a tu hijo a ser responsable (y, por lo tanto, a estar motivado) de dos maneras. En primer lugar, observando con paciencia lo que atrae a tu hijo; es decir, lo que tu hijo disfruta, aprecia o le gusta hacer. Entonces, puedes alentarlo en esa dirección. Si observas un interés en tu hijo al estudiar música, puedes animarlo. Sin embargo, la clave es dejar que el niño tome la iniciativa. Cuando los padres toman la iniciativa de convencer a un niño para que tome lecciones de música, raras veces los resultados son positivos.

### Permite que tu hijo asuma la responsabilidad

Una segunda manera de ayudar a que tu hijo se sienta motivado es recordar que tú y tu hijo no pueden asumir la responsabilidad de las mismas cosas a la vez. Si esperas y dejas que tu hijo tome la iniciativa, puede que se motive porque le permitiste asumir la responsabilidad. Si tomas la iniciativa y tratas de convencerle de que haga algo, tú eres el que asumes la responsabilidad. Cuando esto sucede, pocas veces el niño se motiva.

Vamos a aplicar esto al campo de los deberes escolares y las calificaciones. La mayoría de los niños pasa por períodos cuando hacer los deberes se convierte en un problema. Esto es cierto en especial cuando el comportamiento pasivo-agresivo entra en escena. Y recuerda, una cierta cantidad de comportamiento pasivo-agresivo es normal en personas de trece a quince años de edad.

El comportamiento pasivo-agresivo va por la yugular; es decir, apunta a lo que más molestará a los padres. La mayoría de los padres se preocupan porque sus hijos obtengan buenas calificaciones. De modo que cuanto más importancia pongan los padres en el trabajo escolar, más se resistirá el niño. Y recuerda esto: **Cuanta** más responsabilidad tengan los padres con respecto a los deberes escolares, menos **la tomará el niño**. Y, mientras menos responsabilidad tenga el niño en hacer sus deberes, menos motivado estará.

Si deseas que tu hijo asuma la responsabilidad y esté muy motivado, debes darte cuenta de que los deberes son responsabilidades de tu hijo, no tuyas. ¿Cómo se logra esto? Dile a tu hijo que te complacerá ayudarlo con sus deberes si te lo pide. Dado que deseas que asuma la responsabilidad por su trabajo, incluso cuando te pida ayuda, debes evitar tomar parte del trabajo en sí mismo, sino que quieres volver a colocarlo en tu hijo.

Por ejemplo, supongamos que tu hijo tiene un problema de matemáticas. No deberías resolverle el problema. En su lugar, puedes buscar en el libro de matemáticas y mostrarle las explicaciones para hacer ese tipo de problema. Luego, puedes devolverle el libro para que sea capaz de asumir la responsabilidad de resolver el problema. A la larga, esto le enseñará a asumir más responsabilidades por su cuenta. Si sientes que el maestro no explicó de manera adecuada los conceptos, puedes sugerir que tu hijo solicite ayuda al día siguiente.

Por supuesto, habrá momentos en los que deberás aclarar puntos de confusión o darle información adicional al niño. Eso está bien siempre y cuando no asumas la responsabilidad que debe ser de tu hijo. Si te das cuenta de que has estado muy involucrado en los deberes de tu hijo, trata de cambiar poco a poco la responsabilidad hacia tu hijo. Puedes ver una reducción temporal en las calificaciones, pero valdrá la pena la capacidad de tu hijo para asumir la responsabilidad y ser autosuficiente. Al adoptar este enfoque, tu hijo debería necesitar menos ayuda a medida que pasa el tiempo. Y pueden pasar juntos parte de su tiempo explorando temas de especial interés para ustedes que no se incluyen en el plan de estudios de la escuela.

Ayudar a un niño a estar bien motivado al permitirle tomar la iniciativa y la responsabilidad de su propio comportamiento parece ser hoy un secreto bien oculto. La mayoría de los niños se colocan en una posición en la que un padre o maestro toma la iniciativa y, luego, asume la responsabilidad de su aprendizaje. Los adultos hacen esto porque se preocupan de veras por los niños, y creen de manera errónea que cuanto más toman la iniciativa y la responsabilidad, más hacen por los niños. Sin embargo, este es un grave error.

### *Usa el lenguaje del amor de tu hijo*

Tus hijos alcanzarán su mayor motivación y éxito en el aprendizaje en la escuela cuando estén seguros de tu amor. Si comprendes el lenguaje primario del amor de tus hijos, puedes mejorar tus experiencias diarias al hablar su lenguaje primario cuando salen para la escuela en la mañana y cuando regresan en la tarde. Esos son dos momentos importantes en la vida de los niños en edad escolar. El toque emocional de sus padres al irse y regresar a casa les da seguridad y valor para enfrentar los desafíos del día.

Julia tiene nueve años. Después que su madre, Kelly, aprendió sobre los cinco lenguajes del amor, hizo algunos cambios en su rutina diaria. «Es increíble la diferencia que marcó en la vida de Julia», nos dijo más tarde. «Incluso, después de escuchar sobre el concepto del lenguaje del amor y descubrir que el lenguaje de Julia era el de actos de servicio, nunca pensé que la aplicación de este concepto sería tan útil en la escuela. Sin embargo, después una amiga mencionó que estaba hablando el lenguaje del amor de su hija antes de que esta se marchara para la escuela y cuando regresaba a casa por la tarde. Decidí probar esto y los resultados fueron casi inmediatos.

»Las mañanas en nuestra casa siempre eran bastante agitadas; mi esposo se iba de casa a las siete, el autobús de Julia llegaba a las siete y media, y yo me iba a eso de las siete y cincuenta. Todos hacíamos lo nuestro y en cuanto al único contacto significativo que teníamos los unos con los otros era un adiós cuando salíamos de la casa».

Sabiendo que Julia valoraba los actos de servicio, Kelly le preguntó a Julia: «Si pudiera hacer una cosa por ti en la mañana que te ayudaría, ¿cuál sería?».

Julia pensó por un momento. «Ah... supongo que tenga todo mi material listo para marcharme. Puesto que al parecer siempre estoy buscando cosas, tengo que correr para el autobús».

A la mañana siguiente, Kelly se aseguró de que el almuerzo de Julia, los deberes y todo lo que necesitaba estuviera guardado de forma segura en su mochila que esperaba junto a la puerta. Pronto, dijo: «Podía notar una diferencia en su actitud de la mañana. Incluso, daba las gracias casi todos los días. Y cuando se marchaba para la escuela, parecía estar de mejor humor.

»Tres días después, hice un acto de servicio en la tarde cuando regresó a casa. El primer día compré unas frutas en el mercado de agricultores. Cuando entró y dejó caer su mochila, le dije: "Julia, tengo esas manzanas que te gustan. ¿Quieres probar una?". Luego, nos sentamos a hablar sobre su día. La tarde siguiente, encontré un libro suyo que ella pensaba que se le había perdido. Cuando entró, le dije: "Mira en la mesa de la cocina". Había dejado su libro allí y me dijo: "¡Gracias! ¿Dónde lo encontraste?"».

Kelly comenzó a escuchar las peticiones de su hija con más atención, escribiéndolas. Y el tiempo después de la escuela se convirtió en un momento destacado de su día.

«Todo esto comenzó hace cuatro meses», dijo. «La mayor diferencia que noto es que cuando hablamos sobre la escuela, sus comentarios son mucho más positivos que antes. Me parece que está pasando por un mejor momento y se ve más motivada de lo que estaba. Además, siento que nuestra relación es más cercana».

Si el lenguaje primario del amor de Julia hubiera sido el toque físico, un cariñoso abrazo cuando se iba al autobús todas las mañanas y abrirle los brazos cuando entraba a la casa por la tarde habría servido con el mismo propósito emocional. Por supuesto, también habría disfrutado de los dulces.

Quizá no puedas estar en casa cuando tus hijos regresan de la escuela. Si es así, la mejor alternativa es mostrar una expresión sincera de amor cuando entras por la puerta. Si tu último encuentro por la mañana y tu primer encuentro por la tarde son para hablar el lenguaje primario del amor de tus hijos, realizarás una de tus obras más significativas del día. Y esto solo puede tener un impacto positivo en su motivación para aprender.

# 10

# Enojo y amor

Enojo y amor. Los dos están más estrechamente relacionados de lo que la mayoría de nosotros quiere admitir. Nos enojamos con las personas que amamos. Puede que te sorprenda encontrar un capítulo acerca del enojo en un libro sobre el amor. Sin embargo, lo cierto es que a menudo sentimos enojo y amor al mismo tiempo.

El enojo es la emoción más problemática en la vida familiar. Puede conducir a conflictos matrimoniales, y al abuso verbal y físico de los niños. El enojo que se maneja mal está en la raíz de casi todos los problemas de la sociedad. No obstante, debemos darnos cuenta de que el enojo tiene un lugar positivo en nuestra vida y en la crianza de nuestros hijos. No todo el enojo es malo. Puedes sentir enojo porque quieres justicia y deseas el bienestar de alguien (incluido el de tu hijo). El propósito supremo y adecuado del enojo es motivarnos a hacer bien las cosas y corregir el mal. Por lo tanto, madres enojadas crearon el movimiento MADD, *Mothers Against Drunk Driving* [Madres contra conductores ebrios], a fin de tratar de detener este flagelo en nuestras carreteras. Su organización comenzó después que, de manera positiva, una mujer canalizara su enojo debido a la muerte de su hijo por un conductor intoxicado, cabildeando por leyes más estrictas contra los conductores ebrios.

Sin embargo, lo más común es que el enojo cree problemas en lugar de resolverlos. Como emoción, el enojo no siempre se expresa por razones justas. A menudo se vuelve irracional y no lo controlamos; nos controla a nosotros. En el calor del enojo, las personas a menudo arrojan la razón al viento y toman un curso destructivo que empeora las cosas en realidad. Además, no siempre juzgamos como es debido cuál es el mayor derecho para nosotros y para otras personas, o intentamos corregir los errores de manera egoísta.

> **La principal amenaza de por vida para tu hijo es su propio enojo.**

El enojo es una emoción poco comprendida: por qué lo sentimos, cómo lo expresamos y de qué manera podemos cambiar la forma en que lidiamos con nuestras frustraciones. A menos que nosotros, como padres, sepamos qué es el enojo y cómo podemos lidiar con esto de manera apropiada, no seremos capaces de enseñarles a nuestros hijos qué hacer cuando se sientan enojados. Sí, *cuando*, porque todos nosotros, padres e hijos, nos enojamos todos los días.

Puede que te sorprenda que la principal amenaza de por vida para tu hijo es su propio enojo. Si tu hijo no controla bien su enojo, lo dañará o lo destruirá. El mal manejo del enojo está relacionado con todos los problemas presentes y futuros que tu hijo pueda tener, desde malas calificaciones hasta relaciones dañadas o posibles suicidios. Es imperativo que hagas todo lo posible para proteger a tu hijo ahora y en el futuro.

No obstante, la buena noticia es que si tu hijo aprende a controlar bien el enojo, tendrá una gran ventaja en la vida. La mayoría de los problemas de la vida se evitarán y tu hijo podrá usar más el enojo en su beneficio, en lugar de tener que trabajar en su contra.

## ¿ES ESTA TU FAMILIA?

Igual de importante, los padres debemos aprender a lidiar con nuestro propio enojo mientras les respondemos a nuestros hijos. Pocos adultos dominan las formas apropiadas de lidiar con el enojo. Una de las razones es que la mayor parte del enojo se expresa de manera subconsciente, por debajo del nivel de nuestra conciencia. Otra es que pocos adultos han hecho la transición de los métodos inmaduros a los maduros para controlar el enojo. Por lo general, esto afecta nuestras relaciones con nuestro cónyuge e hijos. Considera cómo los Jackson afrontan su enojo.

Después de un día de trabajo, un cansado Jeff Jackson revisa Facebook en su iPhone en el cuarto de estar. Una cansada Elena Jackson está limpiando después de la cena. Ninguno de los dos está muy contento con el otro. Willy entra y le pide a la mamá algunas galletas. Ella no está de humor y le dice:

—No terminaste tu cena y no puedes tener nada más.

Sintiendo que la causa está perdida, Willy va al cuarto de estar donde se encuentra el recipiente de los dulces.

—¿Qué estás haciendo? —pregunta el papá—. Escuchaste a tu madre. ¡No hay dulces!

Willy sale de la habitación, pero regresa a los cinco minutos rebotando su pelota de baloncesto.

—¿Puedo ir a la casa de Jack?

—No, no puedes. No has terminado tus deberes. ¡Y deja de rebotar esa pelota!

Willy toma su pelota y se va. A los cinco minutos regresa, esta vez rebotando su pelota en la cocina.

—Mamá, necesito un libro para terminar mi tarea y no traje el mío a casa. Jack tiene uno. ¿Puedo ir allá y pedirle prestado el suyo?

Justo en ese momento, la pelota de baloncesto golpea la mesa, tirando un vaso al suelo. Al escuchar esto, Jeff se levanta de la silla y entra a la cocina.

—¡Te dije que dejaras de rebotar esa pelota! —le dijo, y agarra a Willy de la mano y lo arrastra al estudio donde comienza a darle una paliza, gritando—: ¿Cuántas veces tengo que decírtelo? ¡Vas a aprender a escucharme!

Elena está llorando en la cocina.

—Basta. Para —le grita—. ¡Vas a matarlo!

Cuando Jeff se detiene, Willy corre a su habitación, también llorando. El papá se deja caer en el sofá y mira la televisión. La mamá va al dormitorio, y sigue llorando. El enojo familiar no sirvió para un propósito constructivo.

Muchas emociones se arremolinaron en esta casa y todos estaban enojados. Elena estaba enojada con Jeff por no ayudarla a limpiar. Jeff estaba enojado con Willy por desobedecer el reglamento de su casa sobre el baloncesto. Y Willy fue el más enojado de todos, porque la disciplina de su padre estaba muy fuera de lugar por su falta. Elena también estaba enojada por las acciones de su esposo hacia su hijo.

Nada está resuelto. Todo está peor. Lo que Willy hace con su enojo aún está por verse. Incluso, si muestra conformidad en apariencias, y actúa como si todo estuviera bien, puedes estar seguro de que su enojo aparecerá más adelante en su comportamiento.

## «TENGO UN PROBLEMA»

Ahora, imaginemos esta escena con una respuesta diferente al enojo.

Temprano en la noche, Elena sale de la cocina y se une a Jeff en el cuarto de estar, hablando su lenguaje primario del amor por un momento, y luego le dice: «Tengo un problema. Me siento bastante enojada ahora mismo, pero no te preocupes, no voy a atacarte. Solo necesito tu ayuda para resolver mi problema. ¿Es este un buen momento para hablar?». Luego, quizá regrese a la cocina, o se dirija a otra habitación y lea un rato.

Cuando hablan, Elena le dice con tranquilidad su percepción de injusticia, pues no la ayudaba a limpiar, en especial porque trabajaba todo el día y después preparaba la cena. Le dice que espera más de él y le pide que se haga el propósito de ayudarla en el futuro.

Es probable que los padres que no hayan aprendido a controlar su propio enojo, no instruyan a sus hijos sobre cómo hacerlo. Aun así, este tipo de preparación es esencial para el bienestar de los niños y de la sociedad. Si nunca has aprendido a controlar tu enojo, te recomendamos encarecidamente que busques ayuda en este aspecto, de modo que puedas enseñarles a tus hijos mediante el ejemplo y la palabra, cómo manejar mejor su enojo.

**Si nunca has aprendido a controlar tu enojo, te recomendamos encarecidamente que busques ayuda en este aspecto.**

## EL TIPO ADECUADO DE ENOJO

La forma en que tu hijo aprenda a manejar el enojo influirá en gran medida en el desarrollo de su integridad personal, uno de los aspectos más importantes del carácter. Instruye a tu hijo para manejar el enojo de manera apropiada y después logrará desarrollar un buen carácter y una fuerte integridad. En cambio, si al niño no se le enseña a manejar el enojo de una manera madura, siempre tendrá focos de inmadurez en su carácter, es decir, en sus sistemas de valores personales, ética y moral. Tal inmadurez se manifestará en una falta de integridad.

Esta falta afectará de manera crítica el desarrollo espiritual del niño; cuanto menos capaz sea un niño de manejar bien el enojo, más antagónica será su actitud hacia la autoridad, incluida la de Dios. El manejo inmaduro del enojo de un niño es la razón principal por la que el niño rechazará los valores espirituales de los padres.

Sin embargo, la buena noticia es que cuando los padres hacemos nuestro trabajo de instruir a nuestros hijos para controlar su enojo, los veremos prosperar en la vida. Date cuenta de que el enojo en sí mismo es una reacción humana normal; no es ni bueno ni malo. El problema no es el enojo, sino la forma en que se maneja. Puede tener resultados beneficiosos si nos da energía y nos motiva a actuar cuando de otra manera guardaríamos silencio.

Recordamos a Julia, una tímida jovencita de catorce años que temía los enfrentamientos y el conflicto. A decir verdad, es una persona que agrada, y tenía dificultades en su clase de historia, donde el maestro se habituó a menospreciar todas las creencias religiosas, en especial el cristianismo. Con frecuencia ridiculizaba a conocidos cristianos a quienes Julia admiraba. Como cristiana, Julia al principio se sintió confundida por el antagonismo de su maestro y más tarde incluso comenzó a cuestionar su propia fe.

Luego, hacia mediados de año, el maestro hizo una observación mordaz sobre los «niños predicadores». Una de las amigas de Julia era la hija de un pastor y esto hacía enojar a Julia. Es más, ¡estaba furiosa! Esa noche llamó a otros chicos cristianos en la clase y presentó un plan en el que aceptaron participar. La próxima vez que el maestro comenzó con sus críticas denigrantes, estos estudiantes hablaron, aunque de manera respetuosa. Le dijeron al profesor que sus comentarios fueron ofensivos. Su primera respuesta fue tratar de ridiculizar a los jóvenes, pero pronto se dio cuenta de lo tonto que parecía y cambió el tema. Durante el resto del año, no hizo más comentarios despectivos sobre la fe religiosa. Julia utilizó su enojo de manera constructiva, a fin de educar a su maestro y proteger su libertad personal.

## EL NIÑO PASIVO-AGRESIVO

Lo lamentable es que la mayoría de la gente no controla su enojo tan bien como Julia. Una forma más común y destructiva de manejar la ira se llama comportamiento pasivo-agresivo. El comportamiento pasivo-agresivo es una expresión de enojo que regresa a una persona o grupo de forma indirecta o «pasiva». Es una determinación inconsciente de hacer justo lo contrario de lo que quiere una autoridad. Una autoridad es un padre, maestro, ministro, jefe, policía, abogados, normas sociales, cualquier persona o sistema de valores que represente a la autoridad. Por supuesto, para un niño o adolescente, las principales autoridades son los padres.

Ben, de quince años, es brillante, no tiene problemas de aprendizaje y es capaz de obtener buenas calificaciones. La mayoría de las tardes, lleva a casa sus libros y hace sus deberes escolares. Aun así, está enojado con sus padres, y trae a casa calificaciones muy por debajo de su capacidad. Sus padres están frustrados. Su comportamiento es una respuesta pasivo-agresiva clásica.

### Por qué Ben no hizo sus deberes

Hay varias maneras en que los padres pueden decidir si están lidiando con un comportamiento pasivo-agresivo, y una identificación apropiada es importante, ya que existen muchas otras razones para los problemas de conducta. Primero, el comportamiento pasivo-agresivo no tiene sentido. Esto de seguro que fue cierto en el caso de Ben, con su habilidad y trabajo duro, sus malas notas eran muy difíciles de entender.

Segundo, puedes sospechar un comportamiento pasivo-agresivo cuando nada de lo que haces para corregir el comportamiento da resultado. Como el objetivo del comportamiento pasivo-agresivo es perturbar a la persona con autoridad, no importa qué acción tome esa autoridad, no marcará ninguna diferencia. Nada de lo que hacían los padres o maestros de Ben mejoraba sus calificaciones. Lo ayudaban con sus deberes, le prometieron que lo recompensarían por sus buenas calificaciones y hasta trataron de castigarlo. Cada nuevo método parecía mejorar la situación por un tiempo, pero a la larga, nada resultaba. Por eso es que el comportamiento pasivo-agresivo es tan difícil de tratar. De manera inconsciente, Ben se aseguraba de que nada resultara, ya que el propósito subyacente era alterar a las personas con autoridad.

Tercero, aunque el propósito de este comportamiento es frustrar a la autoridad, la persona que actúa de esta manera es la que se derrotará al final, y cuyo futuro y las relaciones se verán seriamente afectadas.

### Comportamiento pasivo-agresivo durante la adolescencia temprana

Solo hay un período de la vida en que el comportamiento pasivo-agresivo es normal: la adolescencia temprana, cuando un chico tiene entre trece y quince años. Y puede considerarse normal solo si no le causa daño a nadie. Es esencial que el niño aprenda a controlar el enojo de forma madura y que crezca fuera de la etapa pasivo-agresiva. Si no lo hace, este comportamiento se convertirá en una parte permanente de su carácter y personalidad de por vida, y se usará contra empleadores, cónyuge, hijos y amigos. Hoy en día, los adolescentes tienen muchas opciones para el comportamiento pasivo-agresivo, y algunos son peligrosos: drogas, violencia, alcohol, crimen, actividad sexual que resulta en enfermedades venéreas o embarazo, fracaso escolar e incluso suicidio. A menudo, cuando los adolescentes abandonan esta etapa, ya se le produjo un daño grave a la vida.

Como padres, es necesario distinguir entre el comportamiento pasivo-agresivo inofensivo, y lo que es anormal y dañino. Por ejemplo, los árboles de papel higiénico son una salida normal durante la etapa pasivo-agresiva de un adolescente. Una habitación desordenada puede agravarse, pero es inofensiva. Además, las actividades físicas extenuantes pueden ayudar a los adolescentes a satisfacer su deseo de emoción y peligro. A los adolescentes se les puede ayudar a través de esta etapa mediante la participación en alpinismo, circuitos de cuerdas, ciclismo de larga distancia y deportes en equipo o individuales.

> **Muchos padres han cometido el trágico error de pensar que todo enojo es indebido y que a los niños se les debe disciplinar.**

A medida que tratas de ayudar a tus jóvenes adolescentes en esta etapa, recuerda que tu objetivo es prepararlos para controlar su enojo cuando tengan diecisiete años. No pueden abandonar la etapa pasivo-agresiva a menos que aprendan otras formas más maduras y aceptables de sustituir el comportamiento. Lo lamentable es que muchas personas nunca salen de esta etapa, el comportamiento pasivo-agresivo entre adultos es demasiado común.

La verdad es que la mayoría de las personas no entiende el enojo ni la forma en que se puede controlar. Muchos padres han cometido el trágico error de pensar que todo enojo es indebido y que a los niños se les debe disciplinar. Este enfoque no da resultado ni favorece a los niños. No capacita a los niños para lidiar con su enojo de manera constructiva; como resultado, siguen controlándolo mal en la adultez, tal como sus padres lo hicieron antes. El comportamiento pasivo-agresivo es una causa principal de fracaso en la universidad, problemas en el trabajo y conflictos en el matrimonio.

Debido a que el comportamiento pasivo-agresivo es la fuente oculta de la mayoría de las peores dificultades de la vida, nosotros, como padres, debemos instruir a nuestros niños y adolescentes para que manejen el enojo de manera apropiada. No podemos disciplinar esa conducta a partir de ellos.

## COMIENZA TEMPRANO

Es obvio que no puedes esperar hasta la adolescencia para enseñarles a tus hijos sobre el control del enojo. Debes comenzar cuando son muy pequeños, aunque no puedes esperar que sean capaces de manejar el enojo con cierto nivel de madurez hasta los seis o siete años de edad.

El control del enojo es la parte más difícil de la crianza de los hijos porque los niños están limitados en la forma en que pueden expresarlo. Solo tienen dos opciones: la expresión verbal o la conductual, y los padres encuentran difícil lidiar con ambas. A los padres les resulta complicado entender que el enojo debe manifestarse de alguna manera, que no se puede reprimir por completo. Como resultado, muchos padres responden a las expresiones de enojo de los niños de maneras erróneas y destructivas.

Al considerar las dos opciones, reconoce que es mejor para tu hijo expresar su enojo de manera verbal que conductual. Cuando tu hijo expresa enojo con palabras, puedes instruirlo en la dirección del control maduro del mismo. Quieres evitar el comportamiento pasivo-agresivo a toda costa.

Hasta los seis o siete años de edad, te ocupas sobre todo en evitar que el comportamiento pasivo-agresivo se arraigue en tu hijo.

La primera y más importante forma de hacerlo es manteniendo su tanque de amor emocional lleno de amor incondicional. La causa principal del enojo y de la mala conducta es un tanque de amor vacío. Expresa con claridad y regularidad el lenguaje del amor de tu hijo, y llenarás ese tanque e impedirás que se arraigue la conducta pasivo-agresiva. Cuando ese tanque de amor está lleno, el niño no está bajo presión para mostrar su infelicidad al preguntar, a través de su comportamiento: «¿Me amas?». El niño cuyo tanque de amor está vacío se ve obligado a preguntar, a través de la mala conducta: «¿Me amas?».

Después, ten en cuenta que tus hijos no tienen defensa contra el enojo de los padres. Cuando le descargas tu enojo a tu hijo, va directo al interior del niño. Si haces esto con la suficiente frecuencia, es probable que este enojo reprimido salga como un comportamiento pasivo-agresivo. Escúchalo con calma; deja que te exprese su enojo con palabras. Puede que no sea agradable escuchar su enojo, pero es preferible a que lo manifieste con su comportamiento.

Lo lamentable es que cuando los niños dejan que su enojo se exprese de manera verbal, muchos padres responden y dicen algo así: «¿Cómo te atreves a hablarme de ese modo? No quiero volver a oírte hablar de esa forma otra vez. ¿Entiendes?». Los niños solo tienen dos opciones. Pueden obedecer y no expresar enojo verbal, o pueden desobedecer. ¡Qué acorralados se deben sentir!

## AYUDEMOS A LOS NIÑOS A SUBIR LA ESCALERA DEL ENOJO

Se ha ayudado a miles de padres a comprender el enojo de un niño al visualizar una Escalera del Enojo. A medida que trabajes con tus hijos en los próximos años, siempre procurarás ayudarlos a pasar de un escalón de la Escalera del Enojo al siguiente, lejos de las expresiones de enojo más negativas a las más positivas. El objetivo es que el niño pase de la conducta pasivo-agresiva y el abuso verbal a una respuesta serena, incluso agradable, que busque la solución. Este es un proceso largo que involucra instrucción, ejemplo y paciencia.

Notarás que el comportamiento pasivo-agresivo está en la parte inferior de la escalera. Representa un enojo sin control por completo. Debido a que este comportamiento es común durante la adolescencia, tendrás que lidiar con ese nivel en algún momento, pero no debes permitir que tu hijo adolescente permanezca allí. Si lo haces, te podrías dirigir a problemas serios.

Debes recordar que tu hijo puede subir un solo escalón a la vez. Si deseas que el proceso y la instrucción terminen pronto, esto será frustrante. Puedes esperar un tiempo antes de que tu hijo esté listo para dar el siguiente paso. Esto requiere paciencia y sabiduría, pero los resultados bien valen la espera. Mientras observas a tu hijo expresar enojo, necesitas identificar dónde se encuentra en la Escalera del Enojo, a fin de que sepas el siguiente paso.

En el hogar de Campbell, recuerdo una experiencia desagradable en particular cuando mi hijo, David, tenía trece años. Expresaba su enojo solo cuando lo molestaba un evento en específico. A veces expresaba su enojo hacia mí de una manera que no quería escuchar. Tenía que reflexionar un poco. Sabía que dejarlo expresar ese enojo ayudaría a determinar dónde estaba en la Escalera del Enojo. Para mis adentros, decía: *Allí vas, David, allí vas. Deja salir ese enojo, porque cuando todo termine, te tengo.* Por supuesto, no le decía esto a David.

Otra razón por la que quería que surgiera el enojo era que, mientras estuviera dentro de David, controlaba la casa. En cambio, una vez que estaba afuera, se sentía tonto y yo podía recuperar el control. Sacaba todo el enojo verbalmente y se preguntaba: «Ahora, ¿qué hago?». Era entonces cuando estaba en una excelente posición para instruirlo.

Permitir que David sacara esas palabras de su boca ayudaba de otra manera. Mientras más enojo expresara con palabras, menos tendría que manifestarlo con actitudes y comportamientos destructivos.

Eso será cierto también para tu hijo. Déjalo expresar el enojo y verás dónde se encuentra en la Escalera del Enojo, y puedes limitar el potencial comportamiento pasivo-agresivo.

## DEJA QUE TU NIÑO MUESTRE SU ENOJO

Colegas padres, esta forma de lidiar con los niños no siempre es fácil de aceptar. Permitir que un niño exprese enojo verbal puede parecer permisivo. En realidad, no lo es. Recuerda que los niños de cualquier edad expresan por naturaleza el enojo en formas inmaduras. No puedes instruirlos para que expresen su enojo en formas maduras solo enojándote con ellos y obligándolos a dejar de desahogar su enojo. Si lo haces, su enojo se reprimirá en gran medida y el comportamiento pasivo-agresivo será el resultado.

Si quieres instruir a tus hijos para controlar el enojo de una manera madura, debes *permitirles que lo expresen con palabras, por desagradable que tal vez sean.* Recuerda, todo enojo debe manifestarse de manera verbal o conductual. Si no permites que salga de forma verbal, se producirá un comportamiento pasivo-agresivo.

# LA ESCALERA DEL ENOJO
## POSITIVO

1. AGRADABLE • BUSCA SOLUCIÓN • ENFOCA EL ENOJO EN LA FUENTE
   • LLEVA A LA QUEJA PRINCIPAL • PIENSA CON LÓGICA
2. AGRADABLE • ENFOQUE DEL ENOJO EN LA FUENTE
   • SE AJUSTA A LA QUEJA PRINCIPAL • PIENSA CON LÓGICA

## POSITIVO Y NEGATIVO

3. ENFOCA EL ENOJO EN LA FUENTE • SE AJUSTA A LA QUEJA PRINCIPAL
   • PIENSA CON LÓGICA • Desagradable, fuerte
4. SE AJUSTA A LA QUEJA PRINCIPAL • PIENSA CON LÓGICA
   • Desagradable, fuerte • Desplaza el enojo hacia otras fuentes
5. ENFOCA EL ENOJO EN LA FUENTE • SE AJUSTA A LA QUEJA PRINCIPAL
   • PIENSA CON LÓGICA • Desagradable, fuerte • Abuso verbal
6. PIENSA CON LÓGICA • Desagradable, fuerte
   • Desplaza el enojo a otras fuentes • Expresa quejas no relacionadas

## NEGATIVO

7. Desagradable, fuerte • Desplaza el enojo hacia otras fuentes
   • Expresa quejas no relacionadas • Comportamiento emocionalmente destructivo
8. Desagradable, fuerte • Desplaza el enojo hacia otras fuentes
   Expresa quejas no relacionadas • Abuso verbal
   Comportamiento emocionalmente destructivo
9. Desagradable, fuerte • Insulta • Desplaza el enojo hacia otras fuentes
   Expresa quejas no relacionadas • Abuso verbal
   Comportamiento emocionalmente destructivo
10. ENFOCA EL ENOJO EN LA FUENTE • Desagradable, fuerte • Insulta
    • Desplaza el enojo hacia otras fuentes • Lanza objetos
    • Comportamiento emocionalmente destructivo
11. Desagradable, fuerte • Insulta • Desplaza el enojo hacia otras fuentes
    • Lanza objetos • Comportamiento emocionalmente destructivo

## NEGATIVO

12. ENFOCA EL ENOJO EN LA FUENTE • Desagradable, fuerte • Insulta
    • Destrucción de propiedad • Abuso verbal
    • Comportamiento emocionalmente destructivo
13. Desagradable, fuerte • Insulta • Desplaza el enojo hacia otras fuentes
    • Destrucción de propiedad • Abuso verbal
    • Comportamiento emocionalmente destructivo
14. Desagradable, fuerte • Insulta • Desplaza el enojo hacia otras fuentes
    • Destrucción de propiedad • Abuso verbal • Abuso físico
    • Comportamiento emocionalmente destructivo
15. Comportamiento pasivo-agresivo

*Nota: Las frases en mayúsculas indican formas positivas de expresar sentimientos de enojo.*
FUENTE: Ross Campbell, *How to Really Love Your Angry Child*, Cook, Colorado Springs, 2003.

Cuando tu hija habla enojada, eso no significa necesariamente que sea irrespetuosa. Para determinar si es respetuosa, pregúntate: «¿Cuál es la actitud de la niña hacia mi autoridad la mayor parte del tiempo?». Casi todos los niños son respetuosos en más del noventa por ciento del tiempo. Si esto es cierto para tu hijo, y ahora te trae su enojo verbal por una situación en particular, esto es justo lo que quieres que suceda.

**Cuando tu hija habla enojada, eso no significa necesariamente que sea irrespetuosa.**

Una vez que tu hijo saque los sentimientos de enojo, entonces te encontrarás en una posición excelente para instruirlo.

Quizá te preguntes: *¿No es injusto esperar que me sienta agradecido de que mi hija exprese el enojo de forma verbal y después que me autocontrole?*

Reconocemos que esto no es fácil. Sin embargo, a medida que te comportas de esta manera, te ves obligado a madurar. Y, más adelante, tu familia y tú se salvan de algunos de los peores problemas de la vida. Es posible que te preguntes acerca de los niños que verbalizan el enojo la mayor parte del tiempo, molestos o no. Es cierto: algunos niños expresan enojo para manipular a sus padres y salirse con las suyas, y eso es inaceptable. Las expresiones verbales enojadas motivadas por el deseo de molestar y herir a los demás son inapropiadas y deben corregirse. Afronta esas palabras como cualquier mala conducta. No obstante, en la corrección, practica los parámetros básicos de los padres: sé amable, pero firme.

Esto puede parecer confuso, pero dejar que tu hijo te muestre su enojo de manera verbal cuando está molesto por un problema en particular, te dará la oportunidad de instruirlo, como veremos más adelante. Asegúrate de controlarte mientras tu hijo expresa su enojo con palabras. Y siempre sigue siendo amable, pero firme.

## APROVECHA EL MOMENTO

Después de un estallido de enojo, aprovecha el momento para ayudar a tu hijo a aprender a controlar su enojo. Tan pronto como las cosas estén estables entre ustedes, siéntense juntos y hagan tres cosas. Cada una ayudará a tu hijo a lidiar con su enojo de manera positiva.

1. Infórmale que no vas a condenarlo. Si un niño es muy receptivo en especial a la autoridad, puede sentirse culpable por lo que hizo y nunca expresar sus sentimientos de nuevo. Parte de la instrucción consiste en decirle que le aceptas como persona y siempre deseas saber cómo se siente, ya sea feliz, triste o enojado.

2. Elogia a tu hijo por las cosas que hizo bien. Puedes decirle: «Me mostraste que estabas enojado, y eso es bueno. No descargaste tu enojo sobre tu hermanito ni sobre el perro. No arrojaste nada a la pared ni la golpeaste. Solo me dijiste que estabas enojado». Menciona que lo que hizo estuvo bien. Cada vez que un niño te trae su enojo verbal, hace algunas cosas bien y evita algunas equivocadas.

3. Ayuda a tu hijo a subir la Escalera del Enojo. El objetivo es llevar a tu hijo o hija hacia una respuesta de enojo más positiva. Así que deseas hacerle una petición a tu hijo en lugar de una prohibición. En vez de decir: «¡No vuelvas a llamarme así de nuevo!», dices: «De ahora en adelante, hijo, no me llames así, por favor. ¿De acuerdo?». Por supuesto, esto no garantiza que nunca más diga lo que le pediste que no hiciera. Sin embargo, asegura que cuando sea lo bastante maduro, dará este paso. Eso puede ser al día siguiente, o varias semanas o meses después en el futuro.

Este tipo de instrucción es un proceso largo y difícil, pero después de hacerlo muchas veces, tu hijo comenzará a hacer lo adecuado sin tu recordatorio. La combinación de su instrucción, además de tu buen ejemplo para controlar el enojo de una manera madura, ayudará a tu hijo a hacer su propia instrucción al cabo de un tiempo.

Para obtener más información sobre cómo ayudar a los niños a manejar el enojo, recomendamos dos libros de Ross: *Si amas a tu hijo* y *Si amas a tu adolescente.*

## AMOR Y ENOJO

De nuevo, el elemento más importante para instruir a tus hijos a controlar su enojo es tu amor incondicional hacia ellos. Cuando sepan que son amados de esta manera, cuando de veras se sientan amados siempre, serán mucho más receptivos a tu instrucción. Además, será mucho más probable que consigas tu objetivo de llevarlos a la madurez emocional a los diecisiete años.

Definimos el amor como el sentimiento que vela por los intereses de otra persona y que procura satisfacer sus necesidades. Con esta definición, todas las palabras y los hechos erróneos son en realidad una falta de amor. No podemos amar a un niño y, al mismo tiempo, tratarlo mal. Insistir en que todavía lo amamos cuando nos comportamos mal es hacer que la palabra *amor* carezca de significado. Un niño tratado de esta manera no se siente amado. Más bien, se siente enojado, porque piensa que no le quieres.

Todos conocemos a adultos que están enojados porque no se sintieron amados por sus padres. Pueden dar razones muy válidas para su enojo, pero en la raíz de esos detalles está la falta de amor. Su conclusión es: «Si me amaran, no me habrían tratado de la manera en que lo hicieron».

No sugerimos que los niños que reciben amor incondicional, hablado en el lenguaje primario y otros lenguajes del amor, nunca se enojen. Lo harán, solo porque vivimos en un mundo imperfecto. Tampoco decimos que para resolver el enojo de tus hijos debes estar de acuerdo con su punto de vista. Sin embargo, debes escuchar su punto de vista y llegar a entender su preocupación. Entonces, puedes juzgar si los maltrataron o no los comprendieron. A veces quizá necesites disculparte con tus hijos. En otras ocasiones, tal vez necesites explicarle tu razonamiento para una decisión que tomaras respecto a sus mejores intereses. Incluso si no les gusta tu decisión, la respetarán si te tomaste el tiempo para escuchar y entender por completo sus quejas.

Procesar el enojo y luego instruir a tus hijos para controlarlo de una manera madura es una de las partes más difíciles de la crianza de los hijos. Aun así, las recompensas son geniales. Habla el lenguaje del amor de tu hijo, mantén lleno su tanque de amor y observa cómo se desarrolla en un adulto responsable y afectuoso que sabe cómo procesar el enojo y ayuda a otras personas a hacer lo mismo.

# 11

# Cómo hablar los lenguajes del amor en familias monoparentales

A veces, llenar el tanque de amor de un niño puede parecer difícil: estás cansado, tu hijo es exigente y quizá sientas que tú mismo necesitas amor. Al menos tienes a tu cónyuge para que te ayude. ¿Es así?

En millones de hogares monoparentales, la respuesta es no. En lugar de que dos padres llenen el tanque emocional de un niño con regularidad, uno lo hace solo. En lugar de que dos padres den el amor que fluye a través de su relación matrimonial, ahora el amor proviene de una madre soltera o un padre que está herido, solo, presionado y sin suficiente apoyo adulto.

Sin embargo, todavía puedes hablar el lenguaje del amor de tu hijo, llenando su tanque de amor. Todo lo que dijimos acerca de amar a tus hijos es cierto, ya sea que residan con uno o dos padres. Las familias monoparentales afrontan muchos problemas adicionales, pero el poder de los cinco lenguajes del amor no es menor. Enfatizamos esto, dándonos cuenta de que los hogares monoparentales representan el 29,5 % de todas las familias con niños, según las estadísticas del Censo de Estados Unidos de 2009[1]. Debido a que tantos niños viven en hogares monoparentales, nos sentimos obligados a abordar algunas de las necesidades especiales de estas familias, incluida la forma de practicar los lenguajes del amor con sus hijos.

Sabemos que los hogares monoparentales no son todos iguales. Algunos se debieron al divorcio y otros a la muerte de un cónyuge. Otros padres nunca se han casado: en 2008, el 40,6 % de todos los niños nacieron de padres solteros[2]. En los hogares monoparentales que resultaron del divorcio, algunos de los niños mantienen un contacto positivo continuo con el padre sin custodia, mientras que otros sufren un contacto negativo o una falta total de relación. Algunas familias monoparentales viven cerca de sus familiares, y disfrutan del beneficio de estar cerca de abuelos, tías, tíos y primos. Muchos otros viven lejos de sus familiares y tienen que valerse por sí mismos.

No importa cuál sea tu situación, si eres padre o madre que crías solo a tus hijos, sabemos que de seguro puedes demostrarle amor a tu familia, en particular al hablar el lenguaje primario del amor de tus hijos.

## CUANDO TODO DEPENDE DE TI

La madre o el padre soltero que trata de satisfacer las necesidades de los niños y, al mismo tiempo, mantener una profesión y una apariencia de vida personal, conoce las tensiones de estar al frente del hogar. Si esta es tu situación, sabes muy bien las presiones de tiempo, las demandas económicas, y los cambios sociales y personales que tú y tus hijos han experimentado. Conoces las dudas sobre si puedes hacer un trabajo adecuado en la crianza. Has escuchado todos los juicios de supuestos expertos sobre las trampas que les aguardan a tus hijos. A veces, sientes la soledad y el cansancio de tener que hacer todo por ti mismo.

Hoy en día, la mayoría de los hogares monoparentales son el resultado de un divorcio, y las investigaciones continúan demostrando que el divorcio puede ser traumático para los niños, en especial cuando los padres no manejan bien el divorcio.

Cuando un padre muere, el niño sabe que no hubo otra opción. Por lo general, a la muerte le precedió una enfermedad, y esto ayudó al niño a comprender la muerte. El divorcio es una elección por parte de uno o ambos padres, incluso cuando esa «elección» parece ser una necesidad. Un padre que enviudó tendrá que lidiar con los recuerdos de un niño, pero no con la calidad de una continua conexión útil o dañina con el que ya no está. Un padre divorciado afronta años de decisiones con relación al padre sin custodia.

Sería difícil nombrar otro cambio que haya afectado de manera más profunda la naturaleza de nuestra sociedad hoy que el divorcio. Sin embargo, el creciente número de familias monoparentales creadas a través del divorcio es un problema social de múltiples capas más allá del alcance de este libro. Nuestro enfoque está en qué hacer ahora: ¿Cómo podemos ayudar a los niños que se encuentran en circunstancias que nunca eligieron y que no pueden cambiar? También nos preocupamos por los millones de padres solteros que trabajan con valentía para mantener intactas a sus familias, y criar niños felices y responsables.

## SANIDAD DE LOS HERIDOS

Las necesidades de los niños en dichos hogares son las mismas que las de los niños de familias intactas. Lo que cambia es la forma en que se satisfacen estas necesidades; uno de los padres es el cuidador principal en lugar de dos. Y el cuidador, ya sea soltero a través del divorcio, la muerte o nunca estar casado, casi siempre está herido. Los padres heridos intentan ministrar a sus hijos heridos y, al mismo tiempo, esperan convencerlos de que la vida puede ser bastante normal. En lugar de que los niños tengan que lidiar solo con los desafíos comunes de crecer, ahora asumen otras preocupaciones que idealmente no deberían ser parte de su mundo.

Judith Wallerstein, fundadora del *Center for the Family in Transition*, ha realizado la investigación más extensa sobre los efectos del divorcio en los niños. En su libro *Second Chances: Men, Women and Children a Decade after Divorce*[3], indica que emprendió su investigación con la opinión común entre muchos adultos: El divorcio trae dolor a corto plazo, pero al final proporciona una mayor felicidad y satisfacción para todos los involucrados.

Los años de investigación de Wallerstein revelaron que esta suposición no es cierta. En muchos sentidos, los niños nunca superan el dolor del divorcio. La mayoría de los niños a los que entrevistaron Wallerstein, Sandra Blakeslee y sus asociados se veían en una categoría especial: «Hijos del divorcio». Sentían un vínculo con otros que pasaron por las mismas experiencias. Las emociones más comunes de estos niños fueron miedo, enojo y ansiedad. Hasta diez años después que se divorciaran los padres, estos sentimientos aún surgían con frecuencia.

## AYUDA A TU HIJO A TRAVÉS DEL DOLOR

Tales sentimientos pueden drenar con facilidad el amor del tanque emocional de un niño. Mientras hablas el lenguaje primario del amor de tu hijo para rellenar su tanque, ten en cuenta que se necesita mucho amor. Negación, enojo, negociación y más enojo: estas son respuestas comunes al dolor que sienten tanto los hijos del divorcio como los que experimentaron la muerte de un padre. A la larga, los niños encuentran cierto nivel de aceptación por la pérdida de uno de los padres. Algunos niños pueden pasar más rápido a través de estas etapas de dolor si adultos significativos en sus vidas intentan comunicarse de manera franca con ellos respecto a su pérdida. Necesitan a alguien con quien hablar y llorar. Si los miembros de la familia no pueden involucrarse de manera útil, un pastor comprensivo, amigo o consejero puede cubrir este papel.

Consideremos cada una de las respuestas, y cómo los padres y otros amigos adultos pueden ayudar al niño a avanzar hacia la aceptación. Hablar el lenguaje primario del amor del niño a lo largo del camino lo ayudará de manera significativa a procesar su dolor.

### Negación

Por lo general, la primera respuesta es negativa. Ningún niño quiere creer que sus padres se están separando, o que uno de los padres murió. Hablará como si sus padres solo estuvieran separados por una temporada, o que el padre fallecido está de viaje y pronto regresará. En esta etapa, el niño está muy asustado y siente una profunda sensación de tristeza y pérdida. Puede llorar a menudo por su intenso anhelo de que sus padres se reconcilien. En el caso de divorcio, también puede sentir que le rechazan.

### Enojo

La etapa de negación va acompañada y seguida por un enojo intenso. El niño está enojado con los padres por violar las reglas no escritas de la crianza: Se supone que los padres deben cuidar de sus hijos, no abandonarlos. Este enojo se puede expresar de manera abierta en palabras o se puede mantener dentro por temor a molestar a los padres, o por temor a que le castiguen por airados comportamientos y palabras. Un niño que a la vista está enojado puede tener rabietas, explosiones verbales y hasta puede ser físicamente destructivo. El niño se siente impotente; no tiene voz en lo que le sucede. También tiene una sensación de soledad profunda y se siente incapaz de hablar con alguien.

El enojo del niño puede estar dirigido al padre que se fue, al padre que tiene la custodia o a ambos. En el caso de la muerte, el enojo puede estar dirigido hacia Dios. El niño necesita intensamente sentirse amado, saber que a alguien le importa de veras. No es probable que reciba esto del padre que se marchó. El niño puede o no recibir amor significativo del padre que tiene la custodia. Y si un niño cree que el padre que está presente tiene la responsabilidad del divorcio, es posible que no sea receptivo a las expresiones amorosas de ninguno de los padres. Por esa razón, los abuelos y otros miembros de la familia, maestros y líderes religiosos deben ser sensibles a su oportunidad de satisfacer de forma significativa la necesidad de amor del niño. Si conocen el lenguaje primario del amor del niño, sus esfuerzos para satisfacer sus necesidades emocionales serán más eficaces.

El lenguaje del amor de Roberto era el toque físico. Su padre se fue cuando tenía nueve años. Al volver la vista atrás, Roberto dice: «Si no hubiera sido por mi abuelo, no estoy seguro de haberlo logrado. La primera vez que lo vi después que mi padre se fue, me tomó en sus brazos y me abrazó por un largo tiempo. No dijo nada, pero sabía que me amaba y que siempre estaría allí para mí. Cada vez que venía a verme, me abrazaba, y cuando se iba, hacía lo mismo. No sé si sabía cuánto significaban sus abrazos, pero para mí eran como lluvia en el desierto.

»Mi madre me ayudó mucho al dejarme hablar, y haciéndome preguntas y alentándome a expresar mi dolor. Sabía que me amaba, pero en las primeras etapas, no estaba dispuesto a recibir su amor», admitió Roberto. «Intentaba abrazarme y yo la alejaba. Creo que la culpé por el abandono de mi padre. No fue hasta que descubrí que se fue con otra mujer que me di cuenta de cómo la juzgué mal. Luego, comencé a recibir sus abrazos y volvimos a estar cerca».

### Negociación

A la negación y al enojo le siguen la negociación. Cuando los padres se separan, el niño hará todo lo posible para volver a unirlos. Esto puede implicar hablar con los padres por separado y juntos, suplicándoles que resuelvan sus diferencias y restablezcan la unidad familiar. Si la negociación verbal no resulta, el niño puede intentar de un modo inconsciente la manipulación al portarse mal de maneras radicales para llamar la atención de sus padres. También puede estar probando a los padres para ver si de veras se preocupan por su bienestar. Su respuesta podría ser el consumo de drogas, el hurto menor, el vandalismo, la actividad sexual o incluso el suicidio.

**Los niños abrumados con sentimientos negativos tienen dificultades para pensar con claridad.**

### Más enojo

Después de la negociación habrá *más enojo*. En los corazones de los niños cuyos padres se divorcian, el enojo es profundo y persiste por mucho tiempo. Durante al menos un año después del divorcio, es probable que tengan dificultades con la culpa, la ira, el miedo y la inseguridad. Canalizar tanta energía en estos sentimientos puede resultar en calificaciones más bajas en la escuela, un negativo comportamiento social más agresivo, menos respeto hacia todos los adultos y una intensa soledad. En un entorno tan doloroso es que los padres solteros buscan satisfacer la necesidad de amor de sus hijos y, al mismo tiempo, establecer cierta apariencia de normalidad en el hogar. La suya no es una tarea fácil.

Wallerstein escribió: «Después del divorcio, caminas solo. Tú eres todo lo que tienes. Y da miedo». Al mismo tiempo: «Los niños pequeños te necesitan con más frecuencia [...] Están nerviosos y malhumorados, y más apegados [...] Criar niños siempre requiere más tiempo del que esperabas. Tienen más crisis de las que alguna vez soñaste. Exigen sacrificio de tiempo, dinero, horas dedicadas al trabajo de adultos y al juego»[4].

Aprender a llenar el tanque de amor de tu hijo mientras el tuyo se está agotando puede parecer difícil. Sin embargo, al igual que la madre de Roberto, los padres sabios llegarán a comprender lo único que su hijo necesita y buscarán satisfacer esa necesidad.

## CÓMO AYUDAN LAS HISTORIAS

Los niños abrumados con sentimientos negativos tienen dificultades para pensar con claridad. Si eres el padre soltero de dichos niños, leer juntos puede ayudar a tus hijos a comenzar a pensar con claridad sobre su dolor y pérdida. Deberías tener un libro de cuentos que puedan entender. Selecciona historias, canciones y poemas apropiados para la edad de tus hijos, a través de los primeros años de la adolescencia. Este quizá sea un tiempo afectuoso y de vínculo emocional. Muchas historias agradables tienen fuertes lecciones éticas y morales, como «Pinocho» y las historias de Beatrix Potter. Hay varias guías para ayudarte a elegir buena literatura. Recomendamos *Honey for a Child's Heart*, de Gladys Hunt; *Books That Build Character*, por William Kilpatrick; y *El libro de las virtudes*, de William Bennett.

Está atento a las reacciones de tu hijo mientras le lees. Pregunta en qué está pensando para facilitar oportunidades de discusión en su nivel. Si estás leyendo sobre un niño o animal que se pierde y tu hijo expresa preocupación, tienes una gran oportunidad para alabarlo por su corazón afectuoso. También puedes hablar sobre lo que se siente al extraviarse o perder a alguien querido por ti.

Los niños también necesitan ayuda al intervenir en el juego de la culpa. El enojo puede confundir su pensamiento. No es raro que crean que culpar a otras personas está justificado, solo porque se sienten enojados. Cuando están tranquilos, puedes explicarles los diferentes lados de una situación, no solo sobre otros niños, sino también sobre lo sucedido en tu familia. En especial, cuando los niños se sienten terriblemente maltratados por un padre que creen que los abandonó, necesitan saber que su sensación de pérdida es natural y no tienen nada de qué sentirse culpables.

Y, mientras leen juntos, pueden hablar sobre lo que sucede en la vida cotidiana de tus hijos. También pueden inventar juntos las historias. Esto te ayudará a comprender lo que sucede dentro de tus hijos, en niveles que quizá no puedan dar a conocer durante la conversación.

## ¡PIDE AYUDA!

Ningún padre puede satisfacer por sí solo la necesidad de amor de un niño. Como dijimos antes, algunos niños pueden optar por no aceptar el amor de ninguno de los padres; su dolor y enojo son tan grandes que no permitirán la posibilidad del amor. Aquí es donde entran en juego los abuelos y otros miembros de la familia extendida, así como los recursos de la iglesia y la comunidad.

Si eres madre o padre soltero, no esperes hasta que las personas pregunten si pueden ayudar. Algunos quizá se retraigan, sin querer interferir en tu familia. A lo mejor otros no estén al tanto de tu situación. Si tú o tus hijos necesitan ayuda, es posible que desees investigar los recursos disponibles en tu comunidad. Alguien en la escuela de tus hijos o tu iglesia puede guiarte en la búsqueda.

Los miembros de la familia extendida siempre son importantes, pero se vuelven aún más cruciales cuando los niños sufren pérdidas. Por ejemplo, los abuelos cercanos pueden ayudar a los nietos de varias maneras durante la semana escolar, y su presencia puede animar a tu propio hijo o hija monoparental. Es posible que puedan venir y ayudar a los niños a prepararse para la escuela por la mañana o ayudar al chofer por la tarde. También le quitan parte de la carga emocional al padre soltero.

Hay muchas personas que estarían encantadas de ayudar a las familias monoparentales si saben que se necesita su ayuda. Quieren sentirse útiles, y a ti te hace falta un poco de ayuda. El único problema es juntar a estos dos. Una iglesia local es un buen lugar para que esto suceda, y algunas iglesias se conectan de esa manera. Si te resulta difícil dar a conocer tus necesidades, solo recuerda que lo que haces no solo es por ti, sino por el bienestar de tus hijos.

## LOS LENGUAJES DEL AMOR EN EL HOGAR MONOPARENTAL

La necesidad de un niño de amor emocional es tan importante después del divorcio como lo era antes. La diferencia es que el tanque de amor del niño se ha roto por el severo trauma del divorcio. El tanque de amor tendrá que repararse por horas de escuchar de manera comprensiva y por el procesamiento de las emociones de las que hablamos. Alguien debe apoyar al niño a través del proceso de dolor si ese niño alguna vez vuelve a creer que le aman de veras. El proceso de reparación del tanque de amor es en sí mismo una expresión de amor. Parte de todo esto es escuchar mucho, hablar menos, ayudar a tu hijo a hacerle frente a la realidad, reconocer el dolor y empatizar con dicho dolor.

Por supuesto, la forma principal de rellenar el tanque de amor es hablar el lenguaje del amor de tu hijo. Ten en cuenta que el lenguaje primario del amor del niño no cambia solo porque los padres se separaron debido a un divorcio o a la muerte. Aprende el lenguaje del amor de tu hijo y, luego, cuéntales a los adultos significativos en la vida de tu hijo cuál es el lenguaje primario del amor del niño.

En las primeras semanas posteriores al divorcio, cuando un niño no puede recibir el amor de ninguno de los padres, otros adultos importantes pueden ser los únicos capaces de expresarle amor al niño. Si tu hijo recibe amor sobre todo a través de palabras de afirmación, es muy posible que lo reciba de sus abuelos u otros adultos, pero las rechace por un tiempo. Un niño cuyo lenguaje primario del amor es el de los regalos, en realidad puede arrojarle un regalo en la cara de un padre que acaba de divorciarse. No te enfades con esto, sino ten en cuenta que el comportamiento es parte del proceso de dolor de tu hijo. Una vez que el niño llega a la etapa de aceptación, comprende que no puede volver a unir el matrimonio de sus padres y que vivirá en un hogar monoparental, es posible que reciba el amor a nivel emocional de ambos padres.

Si los niños reciben los tipos adecuados de amor en los momentos en que lo necesitan en especial, pueden superar intactos los dolores de la separación familiar y llegar a una vida adulta satisfactoria. Un ejemplo de esto es Bob Kobielush, presidente de *Christian Camping Foundation*. El padre de Bob era un hombre de negocios exitoso y su madre era ama de casa. Cuando Bob era pequeño, su padre abandonó su negocio para unirse a una secta, mudando a la familia de cinco niños varias veces. Cuando su padre se enfermó de polio y estaba discapacitado por completo, la familia regresó a su estado natal de Wisconsin para estar cerca de la familia extendida. Cuando Bob tenía nueve años, sus padres se divorciaron.

Por esta época, Bob y sus hermanos estuvieron bajo la influencia cristiana y todos recibieron a Cristo como su Salvador. Sin medios de sustento, su madre se vio obligada a continuar con la asistencia social hasta que pudo obtener suficientes trabajos ocasionales. Más tarde, terminó su preparación académica y se convirtió en maestra.

Hoy en día, Bob y sus hermanos están felizmente casados, bien educados y productivos. Bob dice: «Mamá siempre se concentró en lo importante de una manera positiva. No hablaba sobre las cosas negativas. Parecía como si fuéramos una familia normal. No sabía que no lo éramos. No sé en qué nos hubiéramos convertido sin una madre piadosa y una familia extendida que era un ejemplo de la vida cristiana práctica. Le agradezco a Dios por mi experiencia y por mi madre soltera».

**Mantén tu esperanza y aférrate a tus sueños para tus hijos.**

Archibald Hart, decano emérito de la Escuela de Psicología del Seminario Fuller en California, les atribuye al poder de la familia y de Dios a su creciente fortaleza en un hogar monoparental. Originaria de Sudáfrica, la familia Hart se separó después de años de conflicto. La madre de Archibald parecía más feliz después del divorcio, pero las preocupaciones económicas la obligaron a enviar a Archibald y su hermano a vivir con sus abuelos. Ellos fueron una fuerte influencia cristiana, motivando a los niños al decir: «No hay nada que no puedas hacer».

Hart les da este consejo a los padres solteros: «Nada es inmutable. Si no tienes una red de apoyo ahora, establécela, y te sorprenderás de cuántos responderán. Tus hijos pueden ser más resistentes, productivos y creativos si las circunstancias son las adecuadas. Una vida que es demasiado fácil no es buena para el alma»[5].

Mantén tu esperanza y aférrate a tus sueños para tus hijos. Si bien las cosas quizá parezcan difíciles ahora, hay otro día, otro año. Si tú y los niños están progresando de forma constante lejos de la sensación de pérdida, si todos se desarrollan en los diversos aspectos de la vida, puedes estar seguro de que el desarrollo continuará. Se ha convertido en un patrón, un hábito que no se olvidará con facilidad.

## ENCUENTRA TU PROPIA NECESIDAD DE AMOR

Si bien hablamos sobre todo del niño cuyos padres se divorciaron, somos muy conscientes de que el padre soltero que procura satisfacer las necesidades del niño también es una criatura necesitada. Mientras el niño se esfuerza a través de las emociones de culpa, miedo, enojo e inseguridad, uno o ambos padres también hacen lo mismo con emociones similares. La madre abandonada por un esposo tal vez encuentre un nuevo interés masculino; la madre que obligó a un cónyuge físicamente abusivo a marcharse, ahora lucha contra sus propios sentimientos de rechazo y soledad. La necesidad emocional de amor de un padre soltero es tan real como la necesidad de cualquier otra persona. Debido a que esa necesidad no la puede satisfacer el excónyuge ni el niño, el padre soltero a menudo se acerca a sus amigos. Esta es una forma eficaz de comenzar a llenar tu tanque de amor.

Una palabra de advertencia al hacer nuevos amigos. El padre soltero en este punto es muy vulnerable a los miembros del sexo opuesto que pueden aprovecharse de un momento de debilidad. Debido a que el padre soltero necesita con tanta urgencia el amor, existe un grave peligro de que lo acepte de alguien que se aprovechará de manera sexual, económica o emocional. Es de suma importancia que los nuevos padres solteros sean muy selectivos para entablar nuevas amistades. La fuente más segura para el amor proviene de amigos de siempre que conocen a miembros de la familia extendida. Un padre soltero que trata de satisfacer la necesidad de amor de manera irresponsable puede terminar con una tragedia tras otra.

Con tus hijos, tienes un tremendo recurso de amor. En el fondo, te aman. Y ellos necesitan tu amor. Como dicen los psicólogos Sherill y Prudence Tippins: «El mejor regalo que puedes hacerle a tu hijo es tu propia salud emocional, física, espiritual e intelectual»[6]. Por doloroso que parezca, la verdad es que puedes ser un padre soltero por muchos años. Durante este tiempo, largo o corto, de seguro que desearás darles a tus hijos el ejemplo de integridad y responsabilidad que pueda ser un modelo para ellos en su camino hacia la adultez responsable.

LOS **5** LENGUAJES
DEL
*amor*
DE LOS NIÑOS

# Cómo hablar los lenguajes del amor en el matrimonio

Alguien dijo: «La mejor manera de amar a tus hijos es amar a su madre [padre]». Eso es verdad. La calidad de tu matrimonio afecta en gran medida la forma en que te relacionas con tus hijos, y la forma en que estos reciben amor. Si tu matrimonio es saludable (ambos cónyuges se tratan con amabilidad, respeto e integridad), tú y tu cónyuge se sentirán y actuarán como socios en la crianza de los hijos. En cambio, si eres crítico, severo y no se aman el uno al otro, es posible que no estén de acuerdo mientras crían a sus hijos. Y los niños, siempre sensibles a los sentimientos, lo sentirán.

A lo mejor sea obvio ahora: el elemento emocional más esencial en un matrimonio feliz y saludable es el amor. Así como tu hijo tiene un tanque de amor emocional, tú también. Al igual que lo tiene tu cónyuge. Queremos ser muy amados por nuestras parejas, pues entonces el mundo se ve brillante. En cambio, cuando el tanque de amor está vacío, tenemos la sensación de que: «Mi cónyuge no me ama de veras», y todo nuestro mundo comienza a verse oscuro. Gran parte de los extravíos y la mala conducta en los matrimonios surgen de esos tanques de amor vacíos.

Para sentirse amado y fortalecer la sensación de ser amado de tu hijo, también debes hablar el lenguaje primario del amor de tu cónyuge. Concluimos *Los 5 lenguajes del amor de los niños* hablando de los lenguajes del amor de los adultos. Como esposo o esposa, encontrarás que uno de los cinco lenguajes del amor te habla de manera más profunda en lo emocional que los demás. Cuando tu cónyuge te expresa su amor en este lenguaje primario, te sientes amado de veras. Te gustan los cinco lenguajes, pero este es especial.

**Gran parte de los extravíos y la mala conducta en los matrimonios surgen de esos tanques de amor vacíos.**

Al igual que difieren los niños, los adultos también. Rara vez un esposo y una esposa tienen el mismo lenguaje primario del amor. No supongas que tu cónyuge habla tu lenguaje o uno que aprendiste de tus padres. Esos son dos errores comunes. Tal vez tu padre dijera: «Hijo, siempre dale flores a una mujer. Nada es más importante que las flores». Y le das flores a tu esposa y parece que no es gran cosa para ella. El problema no está en tu sinceridad, sino en que no hablas su lenguaje primario. Ella aprecia las flores, pero uno de los otros lenguajes le hablaría de manera más profunda.

Si los cónyuges no se hablan el lenguaje primario el uno al otro, sus tanques de amor no se llenarán; cuando bajen del nivel emocional de «enamoramiento», sus diferencias parecerán mayores y aumentará la frustración entre ellos. Pueden pensar en las afectuosas emociones que solían experimentar y que traten de recuperar ese sentimiento de «enamoramiento» para ser felices otra vez. Con todo y eso, no saben cómo lograrlo con su cónyuge, ya que la vida en el hogar se ha vuelto aburrida, previsible y mucho menos que satisfactoria.

## ¿«ENAMORAMIENTO» O AMOR?

Demasiadas personas van al matrimonio a través de una experiencia de «enamoramiento», durante la cual ven el objeto de su amor como perfecto. Mientras están ciegos ante cualquier imperfección, también están seguros de que su experiencia de amor es única y de que son los primeros en amar a alguien con tanta profundidad. Por supuesto, con el tiempo se les abren los ojos y bajan a la tierra donde pueden ver a la otra persona como es de veras, con verrugas y todo. La inmensa mayoría de las experiencias de «enamoramiento» terminan «sin amor».

Casi todas las personas caen en el enamoramiento, tal vez varias veces, y recuerdan esas experiencias con acción de gracias que no hicieran nada tonto mientras la sensación estaba en su apogeo. Sin embargo, demasiadas personas actúan hoy en la obsesión y les causan un gran daño a sus familias. Así es que comienzan las aventuras extramatrimoniales: buscando una sensación difícil de alcanzar que quizá tuvieran durante sus años de noviazgo o primeros meses de matrimonio. No obstante, menos sentimientos no significan que se acabe el amor.

Hay una diferencia entre el amor y el «enamoramiento». El sentimiento de «enamoramiento» es temporal, una reacción emocional primitiva que a menudo tiene poca base lógica. El amor genuino es bastante diferente, ya que antepone las necesidades de la otra persona, y desea que la pareja crezca y florezca. El amor genuino permite que la pareja elija devolver el amor. En el matrimonio, todos necesitamos una pareja que decida amarnos. Cuando eso sucede, podemos felizmente recibir el amor del otro y sentirnos emocionados de que nuestra pareja se beneficie de nuestros esfuerzos por amarle y hacerle feliz.

Este tipo de amor requiere sacrificio y trabajo duro. La mayoría de las parejas llegan a un punto en el que pierden esos estimulantes sentimientos de «enamoramiento» y se preguntan si aún aman a la persona con quien se casaron. Entonces, ahí es cuando necesitan decidir si van a hacer que su matrimonio dé resultado, a cuidar a su pareja sin tener en cuenta todo lo demás o si solo abandonan la relación.

Quizá te preguntes: «Aun así, parece muy estéril. ¿El amor es una «actitud» con una conducta apropiada?». Como mencioné en el libro *Los 5 lenguajes del amor*, a algunos cónyuges les gusta y desean de veras los fuegos artificiales.

¿Dónde están las estrellas fugaces, los globos, las emociones profundas? ¿Qué pasa con el espíritu de expectación, el brillo de los ojos, la electricidad de un beso, la excitación de la relación sexual? ¿Qué pasa con la seguridad emocional de saber que soy el número uno en los pensamientos de mi pareja?[1]

Eso no está mal, por supuesto. Tales sentimientos a veces recompensan nuestro compromiso con la relación. A pesar de eso, no deberíamos esperarlos. De modo que necesitamos que nuestra pareja llene nuestro tanque de amor. Lo hará si habla el lenguaje del amor que entendemos.

Eso es lo que Carla estaba perdiendo en su matrimonio. «Solo siento que Rick ya no me ama», le dijo a su hermana un día. «Nuestra relación está vacía y me siento muy sola. Antes era el número uno en la vida de Rick, pero ahora ocupo más o menos el veinte, después de su trabajo, el golf, el fútbol, los exploradores, su familia, el automóvil y casi todo lo demás. Creo que está contento de que yo esté aquí, haciendo mi parte, pero me da por sentado. Ah, me hace buenos regalos por el Día de las Madres, mi cumpleaños y nuestro aniversario, y me envía flores todos los días, pero los regalos parecen vacíos.

»Rick nunca tiene tiempo para mí. No vamos juntos a ningún lado, nunca hacemos nada como pareja, y ya apenas ni hablamos. Me enojo solo de pensarlo. Solía suplicarle que pasara tiempo conmigo, y lo que me respondía era que lo criticaba. Decía que me fuera y lo dejara en paz. Decía que debía estar agradecida de que tuviera un buen trabajo, que no estuviera drogado y que no me molestara. Bueno, discúlpame, pero eso no es suficiente. Quiero un esposo que me ame y actúe como si yo fuera lo bastante importante como para pasar tiempo conmigo».

¿Ves el lenguaje del amor que Carla entiende mejor y que Rick no habla? Rick está hablando el lenguaje de los regalos; Carla está necesitando tiempo de calidad. En los primeros años, recibía sus regalos como expresiones de amor; pero debido a que ignoraba su lenguaje primario del amor, ahora su tanque de amor está vacío y sus regalos ya no cuentan mucho.

Si Carla y Rick pudieran descubrir el lenguaje primario del amor de cada uno y aprender a hablarlo, el afecto emocional del amor puede regresar a su matrimonio. No, no es la euforia obsesiva e irracional de la experiencia del «enamoramiento», sino algo mucho más importante: un profundo sentimiento interior de ser amado por su cónyuge. Sabrán que son el número uno para el otro; que se respetan, admiran y aprecian mutuamente como personas, y desean estar juntos, viviendo en un compañerismo íntimo.

Este es el tipo de matrimonio con el que sueña la gente, y puede ser una realidad cuando las parejas aprenden a hablar el lenguaje primario del amor del otro con regularidad. También los convertirá en padres más fuertes, trabajando más como equipo, y brindándoles seguridad a los niños y una mayor sensación de amor. Veamos cómo puede funcionar esto con cada uno de los lenguajes del amor.

## PALABRAS DE AFIRMACIÓN

«Trabajo duro», dijo Mark, «y he tenido bastante éxito en mi negocio. Soy un buen padre y, en mi opinión, un buen esposo. Todo lo que espero de mi esposa es un poco de reconocimiento, pero lo que obtengo es crítica en su lugar. No importa lo duro que trabaje ni lo que haga, nunca es suficiente. Jane siempre está detrás de mí por algo. Lo cierto es que no lo entiendo. La mayoría de las mujeres estarían contentas de tener un esposo como yo. ¿Por qué es tan crítica?».

Con la mayor desesperación que le es posible, Mark agita una pancarta que dice: «Mi lenguaje del amor es el de palabras de afirmación. ¿Alguien me amará, por favor?».

Sin embargo, Jane desconoce los cinco lenguajes del amor no más que Mark[2]. No puede ver su pancarta y no tiene ni la más remota idea de por qué no se siente amado. Razona: «Soy una buena ama de casa. Me ocupo de los niños, trabajo a tiempo completo y me sigo viendo atractiva. ¿Qué más podría desear? La mayoría de los hombres estarían felices de volver a casa para una buena comida y una casa limpia».

Es probable que Jane ni siquiera sepa que Mark no se siente amado. Solo sabe que de vez en cuando explota y le dice que deje de criticarlo. Si le preguntaran, es posible que Mark admita que disfruta de las buenas comidas y aprecia una casa limpia, pero estas no satisfacen su necesidad emocional de amor. Su lenguaje primario es el de palabras de afirmación, y sin tales palabras, su tanque de amor nunca estará lleno.

Para el cónyuge cuyo lenguaje primario del amor es el de palabras de afirmación, las expresiones de agradecimiento habladas o escritas son como la lluvia que cae sobre un jardín en primavera.

«Estoy muy orgulloso de ti y de la forma en que manejaste la situación con Robert».

«Esta es una gran comida. Mereces un lugar en el salón de la fama de los chefs».

«El césped se ve muy bien. Gracias por todo tu trabajo duro».

«Ahhh, ¡te ves increíble esta noche!».

«No te he dicho esto en mucho tiempo, pero de veras aprecio que trabajes con regularidad y ayudes a pagar las cuentas. Sé que a veces es difícil para ti y te agradezco tu gran contribución».

«Te quiero mucho. ¡Eres el esposo [o la esposa] más maravilloso del mundo!».

Las palabras de afirmación pueden escribirse y expresarse. Antes de casarnos, muchos escribimos cartas de amor y poemas. ¿Por qué no continuar o revivir esta expresión de amor después del matrimonio? Si te resulta difícil escribir, compra una tarjeta y subraya las palabras que expresan tus sentimientos, y puede que le añadas una breve nota en la parte inferior de la tarjeta.

Habla palabras de afirmación en presencia de otros miembros de la familia o amigos, y obtendrás un beneficio adicional. No solo tu cónyuge se siente amado, sino que les das a otros un ejemplo de cómo hablar palabras de afirmación. ¡Deja que su madre te escuche alardear sobre tu esposa, y quizá tengas una admiradora de por vida!

Si tales palabras se pronuncian o escriben con sinceridad, le dicen mucho a una persona cuyo lenguaje primario del amor es el de palabras de afirmación.

## TIEMPO DE CALIDAD

John me escribió después de leer el libro *Los 5 lenguajes del amor*. «Por primera vez me di cuenta de por qué Beth se había quejado tanto de que no pasáramos tiempo juntos, su lenguaje primario del amor es tiempo de calidad.

»Antes, siempre la había acusado de ser negativa, de no apreciar todo lo que hacía por ella», escribió John. «Soy una persona de acción. Me gusta limpiar las suciedades y organizar las cosas. Desde los primeros días de nuestro matrimonio, siempre he sido bueno arreglando las cosas en la casa, manteniendo bien el jardín. Nunca entendía por qué Beth no parecía valorar todo esto, sino que siempre se quejaba de que no pasábamos tiempo los dos.

»Cuando las luces se encendieron en mi mente, me di cuenta de que apreciaba de veras esas cosas, pero que no la hacían sentir amada porque el servicio no era su lenguaje del amor. Así que entonces, lo primero que hice fue planear un fin de semana, solo nosotros dos. No habíamos hecho eso en varios años. Cuando supo que yo estaba haciendo los arreglos, ella estaba como una niña que se va de vacaciones».

Después de ese fin de semana especial, John analizó sus finanzas y decidió tener escapadas de fin de semana cada dos meses. Los viajes de fin de semana los llevaron a diferentes partes de su estado. Su carta continuó:

«También le dije que quería que pasáramos quince minutos cada noche comentando entre nosotros lo sucedido durante el día. Ella pensó que esto era genial, pero apenas podía creer que lo iniciaría.

»Desde nuestro primer fin de semana, la actitud de Beth ha sido diferente por completo. Expresa aprecio por todas las cosas que hago en la casa. Además, ya no es crítica, sí, mi lenguaje primario del amor es el de palabras de afirmación. No nos hemos sentido tan bien en años. Lo único que lamentamos es que no hayamos descubierto antes los cinco lenguajes del amor en nuestro matrimonio».

La experiencia de Beth y John es similar a la de miles de otras parejas cuando descubren el lenguaje primario del amor de cada uno. Al igual que John, ambos debemos aprender el lenguaje primario del amor de nuestro cónyuge y aprender a hablarlo con regularidad. Al hacerlo, los otros cuatro lenguajes tendrán un significado mejorado, porque el tanque de amor de tu cónyuge se mantendrá lleno.

## REGALOS

Todas las culturas humanas incorporan la entrega de regalos como una expresión de amor entre marido y mujer. Por lo general, esto comienza antes del matrimonio, ya sea durante la fase del noviazgo como en las culturas occidentales o durante el período anterior a un matrimonio acordado con antelación. En Occidente, el regalo se ha enfatizado más por el hombre que por la mujer, pero recibir regalos también puede ser el lenguaje primario del amor de los hombres. Muchos esposos han admitido que cuando sus esposas llegan a casa y les muestran la ropa que compraron, piensan en silencio: «Me pregunto si alguna vez pensará en conseguirme una camisa, corbata o un par de calcetines. ¿Alguna vez piensa en mí cuando va de compras?».

Para cónyuges cuyo lenguaje primario del amor es el de regalos, un regalo le dice: «Estaba pensando en mí». O: «Mira lo que compró para mí». La mayoría de los regalos requieren una buena dosis de reflexión, y esta consideración es la que comunica el amor. Incluso, decimos: «Lo que cuenta es el pensamiento». Sin embargo, lo que cuenta no es lo que queda en tu cabeza, los regalos deberían presentarse en realidad.

Quizá no estés seguro respecto a qué dar. Si es así, busca ayuda. Cuando Robert descubrió que el lenguaje primario del amor de su esposa era el de los regalos, estaba perdido, pues no sabía cómo comprar regalos. Entonces, reclutó a su hermana para que fuera de compras con él una vez a la semana para comprarle un regalo a su esposa. Al cabo de tres meses, fue capaz de seleccionar sus propios regalos.

El esposo de Cindy, Bill, disfrutaba del golf, y Cindy sabía que le gustaría algo relacionado con su pasatiempo. Sin embargo, ¿qué sería? Nunca había aprendido mucho sobre el juego. Así que dos veces al año le preguntaba a uno de sus amigos del golf para asegurarse un regalo relacionado con el golf que ella, a su vez, le diera a Bill. Siempre estaba eufórico por lo atinada que era con sus deseos.

Bart era un hombre de traje y corbata cinco días a la semana. Una vez al mes, su esposa, Ana, visitaba la tienda donde Bart compraba sus trajes y le pedía al vendedor que le escogiera una corbata. El vendedor guardaba una lista de los trajes, para que las corbatas siempre combinaran. Bart les decía a todos lo detallista que era su esposa, Ana.

Por supuesto, comprarle regalos a un esposo supone que la esposa tiene efectivo disponible. Si no trabaja fuera del hogar, esto puede significar que en una conversación con su esposo sobre el presupuesto, deben acordar una cantidad mensual con la que se pueda comprar regalos. Si tu lenguaje primario del amor es el de los regalos, tu esposo estará feliz de hacer ese ajuste presupuestario.

Siempre hay una manera de aprender a hablar el lenguaje primario de tu cónyuge. Quizá requiera un poco de creatividad, pero no hay ninguna ley que diga que debes hacer las cosas como las hacen otras personas. Haz que los regalos que selecciones se vinculen con la afición de tu cónyuge o algún interés que esté empezando a explorar. Compra un regalo cuando salgan juntos por un día o más. Puedes comprar una tarjeta de regalo para un restaurante que les guste a los dos, o entradas para una obra de teatro o un concierto. Incluso, un certificado hecho a mano, bueno para cierta cantidad de trabajo que debes hacer tú o un profesional en la casa o el patio. También puede ser un par de días tranquilos en un centro de retiros para las madres de niños pequeños. Tu regalo para tu cónyuge podría ser un nuevo sistema de sonido o el trabajo que se debe hacer en un piano antiguo que valore.

## ACTOS DE SERVICIO

Andy estaba lívido mientras hablaba con un consejero. «No lo entiendo. Sara dijo que quería ser madre a tiempo completo y que está bien conmigo, ya que gano suficiente dinero para sostenernos. Entonces, si se va a quedar en casa, no entiendo por qué no puede mantener la casa en un orden decente. Cuando llego a casa por la noche, es como entrar en un área de desastre. La cama está sin hacer. Su camisón todavía está sobre la silla. La ropa limpia se amontona arriba de la secadora, y los juguetes del bebé están esparcidos por todas partes. Si fue de compras, los alimentos están aún en las bolsas. Y ella está mirando televisión, sin pensar en lo que vamos a tener para la cena.

»Estoy harto de vivir en una pocilga. Todo lo que le pido es que mantenga la casa en una condición medianamente decente. No tiene que cocinar todas las noches; podemos salir un par de veces a la semana».

El lenguaje primario del amor de Andy es el de actos de servicio y el medidor de su tanque de amor marcaba vacío. No le importaba si Sara se quedaba en casa o trabajaba fuera de casa, pero quería vivir en un mayor grado de orden. Sentía que si se preocupaba por él, lo mostraría teniendo la casa en orden y preparando comidas varias veces a la semana.

Por naturaleza, Sara no era una persona organizada. Era creativa y disfrutaba haciendo cosas emocionantes con los niños. Ponía la relación con los niños en un nivel más alto de prioridad que mantener la casa limpia. Hablar el lenguaje primario del amor de Andy, actos de servicio, le parecía casi imposible.

Su historia puede ayudarte a comprender por qué usamos la metáfora del lenguaje. Si creciste hablando español, aprender alemán o japonés podría parecer muy difícil. De manera similar, aprender a hablar el lenguaje de actos de servicio puede ser difícil. Sin embargo, cuando entiendes que el servicio es el lenguaje primario de tu cónyuge, puedes decidir buscar la forma de hablarlo con fluidez.

> **No es difícil averiguar qué es lo que más desearía tu cónyuge. Solo piensa de qué se ha quejado más en el pasado.**

Para Sara, la respuesta fue hacer un acuerdo con un adolescente de al lado para que viniera a última hora de la tarde a jugar con los niños, a fin de que pudiera darle a la casa un tratamiento de «Vamos a amar a Andy». A cambio del cuidado de los niños, varias veces a la semana le daba clases particulares de algebra al adolescente. Además, Sara comenzó a planear de manera consciente tres comidas para la cena cada semana, preparándolas por la mañana y dejando solo los toques finales para la noche.

Otra esposa en una situación similar decidió, junto con una amiga, tomar un curso de preparación básica de comidas en un instituto técnico local. Se cuidaban los hijos la una a la otra mientras estaban en clase y también disfrutaban el estímulo de conocer gente nueva en la clase. Hacer algo que sabes que a tu pareja le gustaría es uno de los lenguajes fundamentales del amor. Actos tales como vaciar el lavaplatos, ir a la farmacia para comprar una receta, cambiar los muebles, podar arbustos y limpiar los baños son maneras de servir. Pueden ser pequeñas cosas como enderezar los papeles en la oficina en el hogar o cambiarle el pañal al bebé. No es difícil averiguar qué es lo que más desearía tu cónyuge. Solo piensa de qué se ha quejado más en el pasado. Si puedes hacer estos actos de servicio como expresiones de amor, parecerán mucho más nobles que si los consideras tareas monótonas que no tienen un significado especial.

## TOQUE FÍSICO

No debemos equiparar el toque físico solo con la parte sexual del matrimonio. Sin duda, hacer el amor implica tocar, pero el toque físico como una expresión de amor no debe limitarse a las relaciones sexuales. Ponerle la mano en el hombro a tu cónyuge, pasarle la mano por el cabello, masajearle el cuello o la espalda, tocarle el brazo mientras te da una taza de café, estas son expresiones de amor. Por supuesto, el amor también se expresa al tomarse de las manos, besarse, abrazarse, los juegos sexuales previos y las relaciones sexuales. Para el cónyuge cuyo lenguaje primario del amor es el toque físico, estas son las voces más fuertes del amor.

«Cuando mi esposo se toma el tiempo de masajearme la espalda, sé que me ama. Se enfoca en mí. Cada movimiento de sus manos dice: "Te amo". Me siento más cerca de él cuando me toca». Julia revela con claridad su lenguaje primario del amor: toque físico. Puede apreciar los regalos, las palabras de afirmación, el tiempo de calidad y los actos de servicio, pero lo que más le comunica a nivel emocional es el toque físico de su esposo. Sin esto, las palabras pueden parecer vacías, los regalos y el tiempo sin sentido, y los actos de servicio como un deber. En cambio, si recibe el toque físico, su tanque de amor se llenará y el amor expresado en otros lenguajes hará que se desborde.

Debido a que la base del impulso sexual de un hombre es física, mientras que la base del deseo sexual de una mujer es emocional, los esposos a menudo dan por sentado que su propio lenguaje primario del amor es el toque físico. Esto es cierto en particular para quienes no se les satisfacen con regularidad sus necesidades sexuales. Como su deseo de liberación sexual domina su necesidad de amor emocional, piensan que esta es su necesidad más profunda. No obstante, si se satisfacen sus necesidades sexuales, bien pueden discernir que el toque físico no es su lenguaje primario del amor. Una forma de decirlo es cuánto disfrutan del toque físico que no se asocia con las relaciones sexuales. Si esto no está en su lista, es probable que el toque físico no sea su lenguaje primario.

## DESCUBRE Y HABLA EL LENGUAJE DEL AMOR DE TU CÓNYUGE

Quizá te estés preguntando: «¿Esto da resultado en realidad? ¿Marcará una diferencia en nuestro matrimonio?». La mejor manera de averiguarlo es intentándolo. Si no conoces el lenguaje primario del amor de tu cónyuge, puedes pedirle que lea este capítulo y, luego, puedes hablar al respecto. Si tu pareja no está dispuesta a leer ni hablar de esto, es posible que tengas que adivinar. Piensa en sus quejas, sus peticiones y su comportamiento. Además, el lenguaje del amor que te habla a ti y a los demás puede darte una pista.

Con esa conjetura bien fundamentada en mente, concéntrate en el posible lenguaje primario y mira a ver qué sucede en las próximas semanas. Si has juzgado bien, es probable que veas un cambio en la actitud y el espíritu de tu cónyuge. Si te pregunta por qué actúas de manera extraña, puedes decirle que lees algo acerca de los lenguajes del amor y que tratas de ser mejor amante. Es probable que tu cónyuge quiera saber más y es posible que desee leer contigo *Los 5 lenguajes del amor*, así como este libro.

Con regularidad, hablen el lenguaje primario del amor de cada uno y verás una profunda diferencia en el clima emocional entre ustedes dos. Con los tanques de amor llenos, estás en mejores condiciones para llenar los tanques de amor de tus hijos. Creemos que encontrarás que tu matrimonio y tu vida familiar serán mucho más agradables.

Habla el lenguaje primario del amor de tu cónyuge; habla el lenguaje del amor de tus hijos. Y cuando descubras que marca la diferencia, comunícales el mensaje de este libro a tus familiares y amigos. Familia por familia, podemos crear una sociedad más amorosa. Lo que hagas al amar a tu familia será determinante en nuestra nación.

# *Lo que puede que te quede por delante*

Al reconocer y comenzar a hablar el lenguaje primario del amor de tu hijo, sabemos que los resultados serán una relación y unos beneficios familiares más sólidos para ti y tus hijos. Como dijimos en el capítulo 1, hablar el lenguaje del amor de tu hijo no terminará con todos los problemas, pero puede brindarles estabilidad a tu hogar y esperanza para tu hijo. Es una oportunidad maravillosa.

Aun así, quizá tengas dudas y otras preocupaciones cuando empieces a hablar un nuevo lenguaje del amor, preocupaciones sobre tu pasado o tus habilidades en el presente. Tales preocupaciones también representan oportunidades. Ahora, démosle un vistazo a esas oportunidades especiales que tienes, sin importar tu situación pasada o presente.

Parecería que el lector ideal para este libro sea una pareja que acaba de comenzar una familia o que tiene niños muy pequeños. Sin embargo, sabemos que algunos de nuestros lectores tienen hijos mayores en el hogar o incluso hijos adultos. Tal vez estés pensando: *Si al menos hubiera leído este libro antes... pero es un poco tarde ahora*. Muchos padres recuerdan la forma en que criaron a su familia y se dan cuenta de que no hicieron un buen trabajo para satisfacer las necesidades emocionales de sus hijos. Y ahora, esos hijos quizá ya crecieran y tengan sus propias familias.

Si te encuentras entre los padres con remordimientos, es probable que mires hacia atrás y preguntes por qué las cosas salieron mal. Tal vez tu trabajo te alejara demasiado de tu hogar en esos críticos años de la crianza de los hijos. O a lo mejor tu propia infancia turbulenta fuera la que te dejara tan desprovisto de capacidad para ser padre. Es posible que vivieras toda la vida con un tanque de amor vacío, así que nunca aprendiste a comunicarles amor a tus hijos.

A pesar de que aprendiste mucho desde entonces, quizá concluyeras: «Lo que sucedió, sucedió, y no hay mucho que podamos hacer al respecto ahora». Nos gustaría sugerir otra posibilidad: «Lo que puede que te quede por delante». Las oportunidades todavía están allí. Lo maravilloso de las relaciones humanas es que no son estáticas. El potencial para mejorarlas siempre está presente.

Desarrollar una relación más cercana con tus hijos adolescentes o adultos puede requerir derribar muros y tender puentes, un trabajo muy duro, pero gratificante. Tal vez sea hora de admitir ante tus hijos lo que ya admitiste para ti mismo: que no hiciste muy buen trabajo al comunicar el amor a nivel emocional. Si todavía están en casa o viven cerca, puedes hacer esto de frente, mirándolos a los ojos y pidiéndoles perdón. O a lo mejor necesites escribirles esto en una carta, disculpándote con sinceridad y expresando la esperanza de una relación más positiva en el futuro. No puedes deshacer el pasado, pero puedes forjar una clase diferente de futuro.

Tal vez no solo fueras un mal comunicador, sino que de veras abusaste de tus hijos de manera emocional, física o sexual. Quizá el alcohol u otras drogas fueran tus cómplices en el crimen, o a lo mejor tu propio dolor e inmadurez los hizo víctimas de tu ira. Cualquiera que sea tu fracaso, nunca es demasiado tarde para derribar los muros. Nunca puedes construir puentes hasta que te deshagas de los muros. (Si todavía estás abusando de tus hijos, es probable que necesites un consejero capacitado para ayudarte a romper ese patrón destructivo).

Lo más positivo para hacer con un fracaso pasado es confesarlo y pedir perdón. No puedes borrar las acciones más de lo que puedes borrar todos sus resultados. Sin embargo, puedes experimentar liberación emocional y espiritual a través de la confesión y la posibilidad del perdón. Ya sea que tus hijos expresen o no el perdón con palabras, el hecho de que fueras lo bastante maduro para admitir tus errores les da un poco más de respeto por ti. Con el tiempo, pueden estar accesibles a tus esfuerzos para construir puentes. Y quién sabe, puede llegar el día en que te permitan el privilegio de una relación más estrecha con ellos y sus hijos.

Incluso, si no fueras el padre que hubieras deseado, ahora puedes comenzar a amar a tus hijos de maneras que los harán sentir valorados de veras. Y como tienen hijos, sabrás que estás influyendo en otra generación de tu familia, en esos pequeños que ahora tendrán mejores oportunidades de recibir amor incondicional todos los días.

Con los tanques de amor llenos, tus nietos serán más receptivos y activos en lo intelectual, social, espiritual y relacional de lo que estarían sin esto. Cuando los niños se sienten amados de verdad, todo su mundo se ve más brillante. Su espíritu interno es más seguro, y es mucho más probable que alcancen su potencial para bien en el mundo.

Sueño (Gary) con un día en que todos los niños puedan crecer en hogares llenos de amor y seguridad, donde sus energías en desarrollo puedan canalizarse para aprender y servir, en lugar de anhelar y buscar el amor que no recibieron en casa. Mi deseo es que este libro ayude a que este sueño se convierta en realidad para muchos niños.

Gary mencionó la oportunidad de liberación emocional y espiritual a través del perdón. Te animo (Ross) a recordar la dimensión espiritual de la crianza de los hijos. La mayor fuente de aliento que encontré en mi propia crianza son las promesas de Dios. Mi esposa, Pat, y yo hemos tenido muchos puentes difíciles de cruzar, incluido el nacimiento de una hija con un gran retraso, y podemos asegurarte que Dios siempre está cerca, listo para ayudar y honrar cada una de sus maravillosas promesas. Mis promesas favoritas para los padres están en el Salmo 37:25-26.

*He sido joven y ahora soy viejo,*
  *pero nunca he visto justos en la miseria,*
  *ni que sus hijos mendiguen pan.*
*Prestan siempre con generosidad;*
  *sus hijos son una bendición.*

Me he mantenido firme en esos dos versículos de las Escrituras durante muchos años y he probado esas promesas en innumerables ocasiones. Nunca he visto a los justos abandonados. Además, he visto a los hijos de los justos bendecidos y convirtiéndose en una bendición.

Como he visto a mis hijos crecer y madurar en todos los sentidos, me ha alentado no solo que Dios cumple sus promesas y bendice a mis hijos, sino que también yo soy de veras su hijo. Pat y yo hemos pasado por muchas pruebas en las que tuvimos dificultades reales para ver nuestro camino, pero Dios siempre salió adelante y nos sacó de ellas.

Quiero animarte en la crianza de tus hijos. No importa cuál sea tu situación actual o futura, Dios nunca te abandonará. Él siempre estará allí para ti y te ayudará hasta el final. Al criar a tus hijos, hay oportunidades para desarrollar los aspectos espirituales de sus vidas, y las tuyas propias.

El profeta del Antiguo Testamento Isaías, declarando las palabras de Dios, escribió:

*No temas, porque yo estoy contigo;*
*no te desalientes, porque yo soy tu Dios.*
*Te fortaleceré, ciertamente te ayudaré,*
*sí, te sostendré con la diestra de mi justicia*[1].

Este versículo puede llevarte a través de algunos períodos difíciles en la vida y en la crianza de los hijos; de seguro que este versículo nos ha sostenido a Pat y a mí. Sin las garantías y promesas de Dios, sé que nuestra historia sería bastante diferente de lo que ha sido.

El salmista llama a los hijos «un regalo del Señor», una «recompensa», una «herencia»[2]. Los hijos son el regalo más maravilloso que podemos tener. Si significan tanto para Dios, deberían significar todo para nosotros, sus padres. Me gustaría sugerirte que hagas una lista de «requisitos» para ser un buen padre. No permitas que la palabra *requisito* te presione ni te culpe como un padre preocupado. Estos «requisitos» deberían ayudarte a sentirte bien en cuanto a tu autoridad y papel como padre. Relájate y disfruta de veras a tus hijos.

Cuando era un padre novato, me sentía preocupado; me sentía inseguro en la crianza de mis hijos. Sin embargo, después descubrí que una vez que un padre entiende lo que necesita un niño, no es tan difícil cumplir con esos «requisitos». La mejor noticia es que casi cualquier padre amoroso puede hacerlo.

Te insto a que confecciones tu propia lista de requisitos. Comienza con algunos aspectos y, luego, añádele otros a la lista según lo desees. Cuando veas que cumples con esos requisitos, puedes estar seguro de que tu hijo está recibiendo una buena crianza, y puedes relajarte y disfrutar a tu hijo. Sería difícil describir cuánto me ha ayudado esta seguridad. Es más, pronto descubrí que era un mejor padre de lo que nunca pensé que podría ser.

La mayoría de los «requisitos» para una buena crianza de los hijos están en este libro. Si quieres hacer una lista, puedo darte una que te ayude a comenzar. Sin embargo, la lista no estará completa ni será tuya hasta que la formules con tus propios pensamientos y palabras. Aquí tienes mi lista personal, mis propios «Requisitos para ser un buen padre»:

1 Mantengo lleno el tanque de amor emocional de mi hijo, al hablar los cinco lenguajes del amor.

2 Uso los métodos más positivos posibles a fin de controlar el comportamiento de mi hijo: peticiones, moderada manipulación física, órdenes, castigos y modificación de la conducta.

3 Disciplino con amor a mi hijo. Pregunto: «¿Qué necesita este niño?», y después lo hago de manera lógica.

4 Hago mi mejor esfuerzo para lidiar con mi propio enojo de forma apropiada y no arrojárselo a mi hijo. Ser amable, pero firme.

5 Hago mi mejor esfuerzo a fin de preparar a mi hijo para que lidie con la ira de forma madura.

Espero que hagas pronto tu propia lista de requisitos. Cuando te des cuenta de que puedes hacer lo que escribiste en tu lista, podrás relajarte y disfrutar de tus hijos. Además, ellos se volverán cada vez más seguros en todos los sentidos.

Una guía de estudio, con preguntas y ejercicios
para padres y grupos, está disponible en línea en
**www.5lovelanguages.com**

# *Notas*

## Capítulo 1: El amor es el cimiento
1. Lori Gottlieb, «How to Land Your Kid in Therapy», *Atlantic*, julio/agosto de 2011, pp. 64-78.

## Capítulo 2: Primer lenguaje del amor: Toque físico
1. Marcos 10:13, NVI®.
2. Marcos 10:14-16, NVI®.

## Capítulo 3: Segundo lenguaje del amor: Palabras de afirmación
1. Proverbios 18:21, NVI®.
2. Proverbios 15:1, NVI®.
3. Helen P. Mrosla, «Todas las cosas buenas», *Reader's Digest*, octubre de 1991, pp. 49-52.

## Capítulo 4: Tercer lenguaje del amor: Tiempo de calidad
1. Sandy Dengler, *Susanna Wesley*, Moody, Chicago, 1987, p. 171.

## Capítulo 6: Quinto lenguaje del amor: Actos de servicio
1. Lucas 14:12-14, NVI®.

## Capítulo 9: El aprendizaje y los lenguajes del amor

1. Burton L. White, *The Origins of Human Competence*, D. C. Heath and Company, Lexington, MA, 1979, p. 31.

## Capítulo 11: Cómo hablar los lenguajes del amor en familias monoparentales

1. Investigación de census.gov.
2. *Ibidem.*
3. Judith Wallerstein y Sandra Blakeslee, *Second Chances: Men, Women, and Children a Decade after Divorce*, Ticknor & Fields, Nueva York, 1990.
4. Judith Wallerstein, «Parenting after Divorce: What Really Happens and Why», huffingtonpost.com, 29 de noviembre de 2010.
5. Lynda Hunter, «Wings to Soar», *Single Parent Family*, mayo de 1996, p. 7.
6. Sherill y Prudence Tippins, *Two of Us Make a World*, Henry Holt, Nueva York, 1995, p. 56.

## Capítulo 12: Cómo hablar los lenguajes del amor en el matrimonio

1. Gary Chapman, *Los 5 lenguajes del amor*, Unilit, Medley, 2017, p. 35.
2. Si después de leer este capítulo sientes que necesitas aprender más sobre cómo detectar el lenguaje primario del amor de tu cónyuge y cómo practicarlo, lee *Los 5 lenguajes de amor*. Se escribió de manera específica para parejas casadas y comprometidas.

## Epílogo: Lo que puede que te quede por delante

1. Isaías 41:10, LBLA.
2. Salmo 127:3; léelo en la Reina Valera Contemporánea, Nueva Traducción Viviente y Nueva Versión Internacional.

# Más ayuda para padres

Ross Campbell, *Si amas a tu hijo*, Grupo Nelson, Nashville, TN, 1992.

Ross Campbell, *How to Really Love Your Angry Child*, Cook, Colorado Springs, 2003.

Les Carter y Frank Minirth, *The Anger Workbook*, Wiley & Sons, Nueva York, 2004.

Gary Chapman, *Los 5 lenguajes del amor*, Unilit, Medley, FL, 2017.

Gary Chapman, *The Family You've Always Wanted*, Northfield, Chicago, 2008.

Foster W. Cline y Jim Fay, *Ser padres con amor y lógica*, Love and Logic Press, Golden, Colorado, 2006.

Mary DeMuth, *You Can Raise Courageous and Confident Kids*, Harvest House Publishers, Eugene, Oregón, 2011.

focusonthefamily.com: Este sitio web está repleto de recursos útiles sobre una amplia variedad de temas orientados a la familia.

John Fuller, *First-Time Dad*, Moody, Chicago, 2011.

Willard F. Harley, *Mom's Needs, Dad's Needs: Keeping Romance Alive Even after the Kids Arrive*, Revell, Grand Rapids, 2003.

Tim Kimmel, *Crianza llena de gracia*, Grupo Nelson, Nashville, 2014.

Dra. Kathy Koch, *8 Great Smarts: Discover and Nurture Your Child's Intelligences*, Moody, Chicago, 2016.

Kevin Leman, *Tengan un nuevo hijo para el viernes*, Unilit, Medley, 2010.

Kevin Leman, *Single Parenting That Works*, Revell, Grand Rapids, 2006.

James R. Lucas, *1001 Ways to Connect with Your Kids*, Tyndale, Wheaton, IL, 2000.

Arlene Pellicane, *Growing Up Social: Raising Relational Kids in a Screen-Driven World*, Moody, Chicago, 2014.

John Rosemond, *Parenting by the Book*, Howard, Nueva York, 2007.

Jill Savage y Kathy Koch, *Los hijos no tienen que ser perfectos: Ama a tus hijos tal como son*, Editorial Portavoz, Grand Rapids, MI, 2015.

Tedd Tripp, *Cómo pastorear el corazón de tu hijo*, Poiema Publicaciones, Meza, AZ, 2016.

H. Norman Wright, *Cómo ayudar a sus hijos a enfrentar el enojo, el miedo y la tristeza*, Editorial Portavoz, Grand Rapids, MI, 2007.

# *Para padres y niños*
## EL JUEGO DE MISTERIO
## DE LOS LENGUAJES DEL AMOR

---

## PARA PADRES DE NIÑOS DE
## CINCO A OCHO AÑOS DE EDAD:

Muchos padres se preguntan acerca del lenguaje del amor de sus hijos, y es cierto que determinar el lenguaje del amor de un niño pequeño requiere algunas suposiciones educadas. ¿Por qué? Porque los niños pequeños aún no pueden expresar con palabras su lenguaje del amor. Sin embargo, para niños de cinco a ocho años de edad, puedes intentar el siguiente ejercicio. Pídele que dibuje o llame de alguna manera a los padres que aman a sus hijos. Debes intentar no guiar sus dibujos o respuestas, limitar sus respuestas, ni requerir más respuestas de las que está dispuesto a dar en el momento en que lo haga. Dependiendo de la capacidad de atención del niño y la hora del día, puedes obtener muchas respuestas, o puedes obtener muy pocas. Si parece lento, tal vez desees explorar en secreto el tema del amor con tu hijo durante más o menos una semana hasta que logres deducir lo que percibe como amor.

Quizá te encuentres leyendo libros, viendo televisión o una película con tu hijo y le preguntes: «¿Cómo sabes que mami o papi ama a ese niño o esa niña?». O puedes experimentar a propósito expresando amor en cada una de las cinco formas durante el período de una semana. Esta será una medida subjetiva, pero la combinación de todas estas sugerencias, estudiando las respuestas o dibujos de tu hijo, escuchando sus respuestas sobre otros padres e hijos y «midiendo» su respuesta a tu expresión de cada uno de los cinco lenguajes del amor, deben ser suficientes para ayudarte a evaluar con precisión el lenguaje primario del amor de tu hijo. Si tienes la suerte de atrapar a tu hijo en un estado de ánimo comunicativo o expresivo, puedes lograr que identifique varias formas en que los padres muestran amor. Buscarás un tema o una repetición en sus respuestas y, a partir de esto, podrás determinar con precisión el lenguaje del amor de tu hijo.

## PARA PADRES DE NIÑOS DE NUEVE A DOCE AÑOS:

Para cuando un niño tiene nueve años, está en mejores condiciones para identificar y expresar sus sentimientos sobre el amor que cuando era más pequeño. Los padres todavía deben tener en cuenta que los niños de esta edad tienen una atención y un interés limitados en cosas tales como ayudarlo a determinar su lenguaje del amor. El siguiente «juego» debería ayudarte en tu investigación.

Dile a tu hijo que te gustaría ayudar a resolver el «Juego de misterio del lenguaje del amor». Explica que necesitas que vea una lista de «pistas», y que estas pistas son comentarios que algunas veces los padres les hacen a sus hijos. Tu hijo verá un conjunto de veinte cuadros con pistas, cada uno con dos comentarios. Debe elegir uno de los dos comentarios en cada cuadro de pistas según el comentario que prefiera. Explica que al final de todas las pistas, tú y tu hijo pueden contar las pistas que encerró en un círculo y resolver el misterio. Si tu hijo pregunta cuál es el «misterio» o de qué se trata, solo explícale que es un juego en el que los padres intentan aprender lo que hace felices a los niños o lo que les gusta escuchar decir a sus padres.

A fin de darle un efecto parecido a un juego, debes escribir en secreto en un pedazo de papel cuál crees que sea el lenguaje del amor de tu hijo (palabras, toque, tiempo, servicio, regalos). Es decir, ¿qué letra marcará más a menudo? No permitas que tu hijo vea tu suposición, pero dile que anotaste tu suposición y, al final del juego, averiguarás si acertaste. Después que tu hijo pase por el conjunto de pistas, ayúdalo a contar y pasar las respuestas a los espacios en blanco apropiados. Revela tu suposición y dile a tu hijo si lo adivinaste bien. Para tu conocimiento: **A** = Toque físico, **B** = Palabras de afirmación, **C** = Regalos, **D** = Actos de servicio, y **E** = Tiempo de calidad.

Esta actividad será poco más que un juego para tu hijo, a fin de ver si obtuvo la misma respuesta al «misterio» que tú. Tendrá poca idea de que usas esta información para confirmar o aclarar tu suposición acerca de su lenguaje del amor. Debido a que los niños esperan que los juegos terminen con una «recompensa», dile a tu hijo al final de la «solución de los misterios» que, ya sea que terminen con la misma respuesta o no, celebrarán haciendo juntos algo divertido (es decir, comer un bocadillo favorito, ver una película, jugar un juego que elija tu hijo, etc.).

Algunos niños ayudarán a «resolver el misterio» y se sentirán satisfechos de no hacer preguntas. Si tu hijo llega a preguntar acerca de este llamado misterio con el que tú querías ayuda, dale una breve explicación de los lenguajes del amor y coméntale que solo quieres asegurarte de que reconozca y reciba tu amor. Dependiendo del nivel de madurez de tu hijo, puede que sea capaz de expresar sus pensamientos sobre el asunto y aclarar aún más su lenguaje del amor.

Ahora estás listo para presentarle a tu hijo el «Juego de misterio del lenguaje del amor». En la parte superior del «juego» o perfil, verás un breve conjunto de instrucciones que te explicarán cómo realizar y calificar el perfil. Debido a la edad de tu hijo y las posibles preguntas que pueda tener, prepárate para leerle las instrucciones y responder cualquier pregunta que quizá tenga. También prepárate para ayudar a tu hijo a calificar el perfil ayudándolo a contar la cantidad de veces que encerró en un círculo cada letra (A, B, C, D, E). Por último, si tu hijo necesita ayuda para pasar sus puntuaciones a los apropiados espacios en blanco al final del perfil, ofrécete también para ayudar con eso. ¡Diviértete y disfruta desbloqueando el misterio del lenguaje del amor de tu hijo!

## EL JUEGO DE MISTERIO DE LOS
## LENGUAJES DEL AMOR

Cada cuadro de pistas tiene dos comentarios que los padres a veces les hacen a sus hijos. Lee cada casilla de pistas y, de los dos comentarios, elige el que más te guste y desearías que te dijera tu mamá o papá. Luego, encierra en un círculo la letra que acompaña a ese comentario. ¡Ten cuidado y solo marca una letra en cada casilla de pistas! Después de examinar los veinte cuadros de pistas, regresa y cuenta las veces que marcaste A, B, C, D y E. Luego, escribe tus puntuaciones en los espacios en blanco al final del juego. Pídele ayuda a tu mamá o papá si tienes alguna pregunta. ¡Y diviértete desbloqueando el misterio del lenguaje del amor!

**1**
| | |
|---|---|
| ¡Dame un abrazo! | A |
| ¡Eres fantástico! | B |

**2**
| | |
|---|---|
| ¡Tengo un regalo de cumpleaños especial para ti! | C |
| Te ayudaré con tu proyecto. | D |

**3**
| | |
|---|---|
| Vamos al cine. | E |
| ¡Choca esos cinco! | A |

**4**
| | |
|---|---|
| ¡Eres muy inteligente! | B |
| ¿Ya hiciste tu lista de Navidad? | C |

**5**
| | |
|---|---|
| ¿Me ayudarías a preparar la cena? | D |
| ¡Me gusta ir a lugares divertidos contigo! | E |

**6**
| | |
|---|---|
| ¡Dame un beso! | A |
| ¡Eres el mejor! | B |

**7**
| | |
|---|---|
| Tengo una sorpresa para ti. | C |
| Podemos hacer algo genial de verdad. | D |

| 8 | ¡Miremos juntos la televisión! | E |
| | ¡Corre corre que te pillo! | A |

| 9 | ¡Hiciste un gran trabajo! | B |
| | ¡Te ganaste una sorpresa especial! | C |

| 10 | Puedes invitar a tus amigos. | D |
| | Vamos a tu restaurante favorito. | E |

| 11 | ¡Te voy a dar un gran abrazo! | A |
| | ¡Eres un chico increíble! | B |

| 12 | Hice tu comida favorita. | C |
| | ¡Revisé tu tarea y se ve genial! | D |

| 13 | ¡Es divertido salir contigo! | E |
| | ¡Voy a competir contigo! | A |

| 14 | ¡Vaya! ¡Lo lograste! | B |
| | ¡Mira debajo de tu cama para un regalo especial! | C |

| 15 | Te limpié la habitación. | D |
| | Juguemos juntos. | E |

| 16 | ¿Te gustaría que te frotara la espalda? | A |
| | ¡Puedes hacerlo! ¡No te rindas! | B |

| 17 | ¿Qué te gustaría para tu cumpleaños? | C |
| | Podemos recoger a tu amigo en el camino a la película. | D |

| 18 | Siempre me gusta hacer cosas contigo. | E |
| | ¡Dan deseos de abrazarte! | A |

**19** ¿Cómo supiste hacer eso? ¡Eres brillante! **B**
¡No puedo esperar para darte tu regalo! **C**

**20** ¡No te preocupes! ¡Te recogeré a tiempo! **D**
¡Pasemos el día haciendo lo que tú quieras! **E**

¿Cuántas A marcaste? _____

Las A representan un toque físico. A las personas cuyo lenguaje del amor es el toque físico les gusta recibir abrazos, besos y chocar los cinco.

¿Cuántas B marcaste? _____

Las B significan palabras de afirmación. A las personas cuyo lenguaje del amor es el de palabras de afirmación les gusta que otros usen palabras para decirles que son especiales y que hacen un buen trabajo.

¿Cuántas C marcaste? _____

Las C significan regalos. Las personas cuyo lenguaje del amor es el de los regalos se sienten bien cuando alguien les da un regalo especial o sorpresa.

¿Cuántas D marcaste? _____

Las D significan actos de servicio. A las personas cuyo lenguaje del amor es actos de servicio les gusta que otros hagan cosas buenas para ellas como ayudar con las tareas domésticas, ayudar con los proyectos escolares, o llevarlas a lugares.

¿Cuántas E marcaste? _____

Las E significan tiempo de calidad. A las personas con el lenguaje del amor de tiempo de calidad les gusta que otros hagan cosas con ellas, como mirar una película, salir a comer o divertirse con un juego.

Ahora, pregúntale a tu mamá o papá qué letra adivinó que marcarías más. En este espacio en blanco, escribe la letra que adivinó. _____

¿Adivinaron tu mamá o tu papá la misma letra que elegiste con más frecuencia cuando jugabas el juego de misterio del lenguaje del amor? Marca: Sí o No ¡ENHORABUENA! ¡Resolviste el misterio del lenguaje del amor y descubriste cuál es tu lenguaje del amor! ¡Buen trabajo!